Wolfgang Spurzem

Ganzheitlich heilen

Fußreflexzonen-massage

Schmerzfrei, entspannt und gesund durch
Selbst- und Partnerbehandlung

Südwest

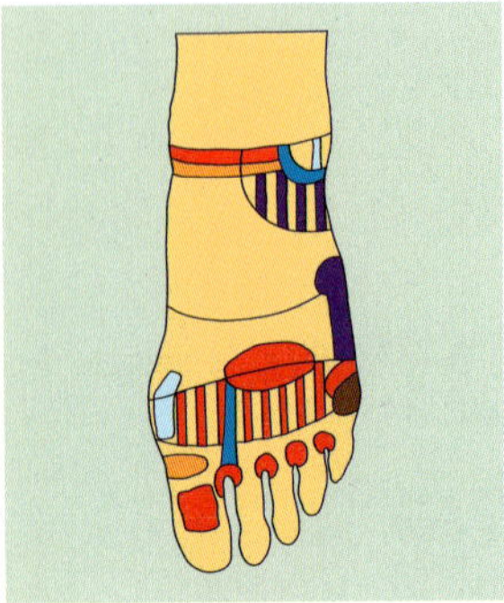

Ein hochkomplexes Kunstwerk sind unsere Füße: Der ganze Organismus wird auf ihnen widergespiegelt.

Inhalt

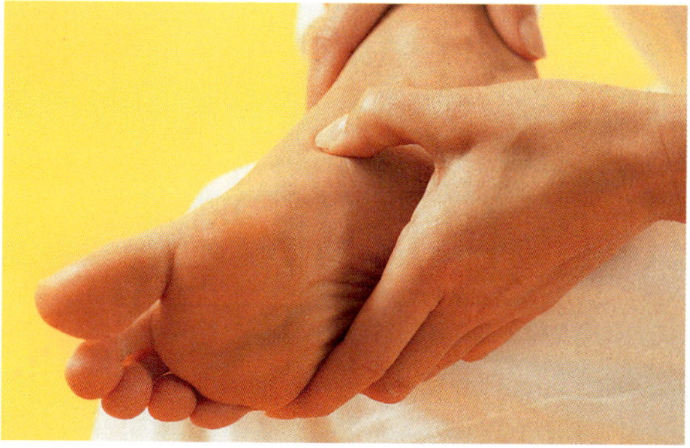

Die ideale Selbstbehandlung – sanft und natürlich. Mit der Fußreflexzonenmassage lassen sich viele Alltagsbeschwerden kurieren.

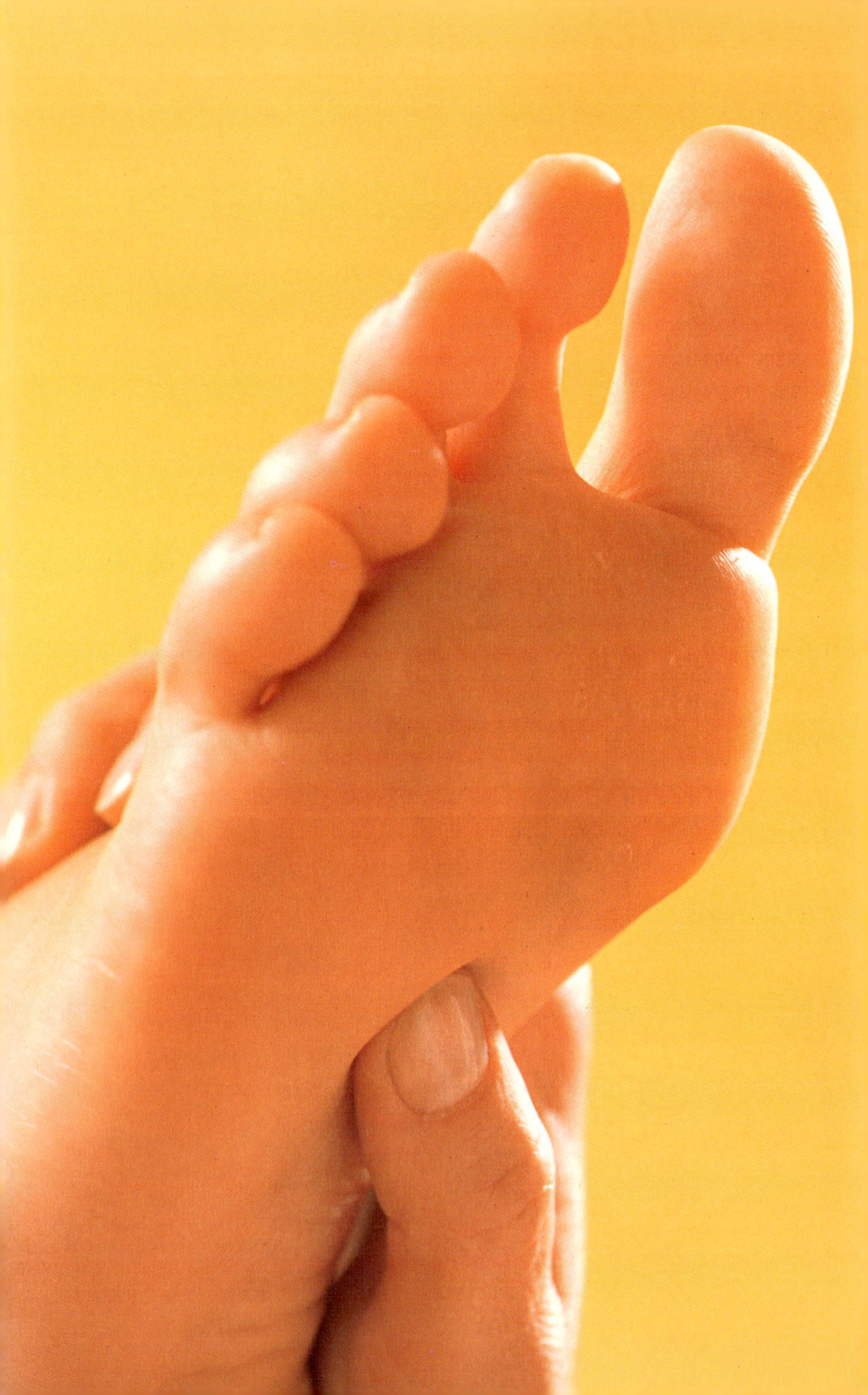

Die Füße – Anatomie und Funktion

Wissen Sie eigentlich, wie Ihre Füße aussehen? Kaum ein anderer Körperteil von derart fundamentaler Wichtigkeit fristet, eingesperrt und geknechtet in »Lederzwangsjacken«, ein so wenig beachtetes Dasein wie die Füße. Lediglich Hühneraugen, Blasen oder eingetretene Dornen veranlassen uns, die unbekannten Leisetreter am unteren Ende unseres Körpers genauer zu inspizieren. Dabei halten sie uns nicht nur im wahrsten Sinn des Wortes auf den Beinen, tragen unser Körpergewicht und ermöglichen unser Fortkommen, sie sind auch die Kontaktstelle zwischen uns und dem Erdboden. Letzteres scheint im 20. Jahrhundert unwichtig geworden zu sein: Plateausohlen und Stöckelabsätze verhindern jedwede Berührung mit der Erde. Dennoch sind unsere Füße ebenso wichtig wie zu der Zeit, als wir noch barfuß liefen. Damals wie heute ist ihre Sensibilität von lebenserhaltender Bedeutung.

Krankheiten heilen – nur durch Massage der Füße? Für die fernöstliche Medizin ist diese Vorstellung alles andere als abwegig.

Faszinierender Fuß

Unsere Füße sind ständig in Bewegung. Selbst wenn wir scheinbar still stehen oder still sitzen, balancieren sie unentwegt die unmerklichen Verlagerungen unserer Wirbelsäule aus und sorgen so dafür, dass unser Körper nicht aus dem Gleichgewicht gerät. Dabei senden die unzähligen Nervenbahnen, die wie ein dichtes Geflecht unsere Füße und Fußsohlen durchziehen, beständig neue Informationen zum Rückenmark und zum zentra-

Unsere Füße sind keinesfalls nur unempfindliche Ständer für unseren Körper. Sie sind lebendige, höchst sensible Organe, die eine Vielzahl von Aufgaben erfüllen.

len Nervensystem. Mehrere große Nervenstränge versorgen Fuß, Fußinnenseite und Fußsohle. Sie laufen über das Lendennervengeflecht (Plexus lumbosacralis) zum Bereich der Lendenwirbelsäule und über den Nervus femoralis in die Schenkel (siehe Abbildung). Der Nervus tibialis enerviert, vom Ischiasnerv kommend, die Fußsohle, der Nervus peronaeus communis den Fußrücken, der Nervus saphenus die Fußinnenseite.

Jeder dieser Nerven verzweigt sich in kleine und kleinste Äste, an deren Enden Rezeptoren sitzen, die unterschiedlich auf Druck, Temperatur und Berührung reagieren. Sie übersetzen jeden Reiz in eine Information, die sie über die Nervenbahnen zum Gehirn schicken. Doch nicht nur über das Nervensystem, sondern auch über so genannte Reflexbogen werden zwischen Zentralnervensystem und den verschiedenen inneren Orga-

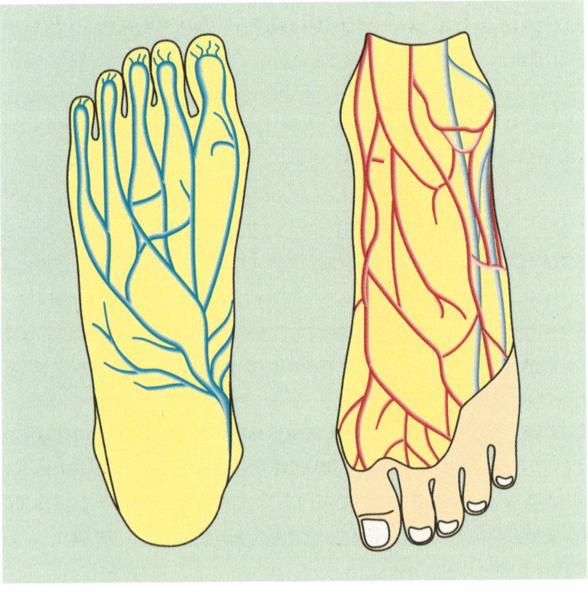

Die Nerven, die unsere Füße durchziehen, sorgen dafür, dass wir genau wissen, »wo wir stehen«.

nen unseres Körpers Querverbindungen hergestellt. Die Füße stehen folglich mit allen lebenswichtigen Organen unseres Körpers in Wechselwirkung.

Alle Macht den Füßen

Die fundamentale Bedeutung der Füße zeigt sich in Märchen wie »Aschenputtel« (»Rucke di guh, Blut ist im Schuh, der Schuh ist zu klein, die rechte Braut sitzt noch daheim«) sowie in unzähligen Bildern, in denen Füße Eingang in die Umgangssprache gefunden haben. »Sein Glück mit Füßen treten«, »auf großem Fuß leben«, »Fuß fassen«, »etwas hat Hand und Fuß« – sprachlich charakterisieren auf die Füße bezogene Metaphern oft das soziale Verhalten. Früher wurden Entfernungen nach »Fuß« oder »Spann« gemessen. Und auch heute noch ist das Fußeln eine Nebenbeschäftigung, die ihren erotischen Nutzen gerade daraus zieht, dass die Füße ein eher unbeachtetes Dasein führen.

Der Foot, noch heute gebräuchliches englisches und amerikanisches Längenmaß, ist 0,3048 Meter lang und wird in zwölf Inches unterteilt.

Östliches Denken

Im asiatischen Kulturkreis hingegen ist man sich der wichtigen Bedeutung der Füße bewusster als im europäischen Raum. Denn die asiatische Weltanschauung bindet nicht nur jedes lebende Wesen als kleine, in sich geschlossene Einheit, als Mikrokosmos, in den Makrokosmos ein, sondern sie geht davon aus, dass sich alle Vorgänge des Makrokosmos in diesem Mikrokosmos spiegeln.
Ebenso wie der Makrokosmos ist der Mikrokosmos den ewigen kosmischen Gesetzen unterworfen. Befindet er sich mit dieser natürlichen Ordnung im Gleichklang, ist er gesund. Lebt er jedoch im Widerspruch zu den Regeln, wird er krank.

Östliche und westliche Heilmethoden

Die westliche Medizin versucht die Entstehung von Krankheiten monokausal nach dem Ursache-Wirkung-Prinzip zu heilen. Sie unterzieht ihre Patienten, in der Meinung, dass eine ausgetüftelte Technik für ein wirksames medizinisches Heilsystem unabdingbar sei, Computertomografien, Röntgen- und Magnetfeldaufnahmen, Magenspiegelungen und Tablettendiktaten. Die asiatische Medizin hingegen sucht nicht nach einzelnen Auslösern von Krankheiten. Sie betrachtet den gesamten Organismus, einschließlich der seelischen und geistigen Befindlichkeit des Patienten sowie seiner äußeren Lebensumstände, als energetische Einheit. Sämtliche Heilmethoden der alten östlichen und orientalischen Kulturen, wie der indische Ayurveda, die tibetische Medizin, die chinesische Akupunktur und Akupressur, gehen davon aus, dass Krankheiten auf einer Störung des energetischen Gleichgewichts unseres Organismus beruhen. Ihre Therapie muss folglich in der Wiederherstellung dieses Gleichgewichts bestehen. Ihre Diagnose besteht darin, die Disharmonie im menschlichen Mikrokosmos und ihr Muster herauszufinden.

Die Reflexzonen des linken Fußrückens: Allein hier sind 17 Organbereiche repräsentiert.

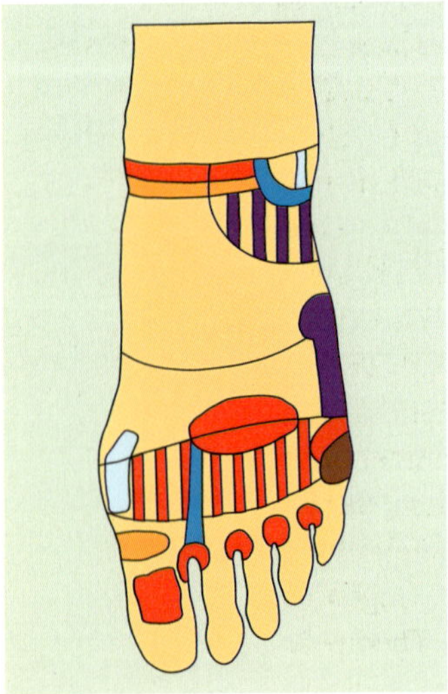

Der Teil und das Ganze

Diese Idee des energetischen Gleichgewichts ist nur eine Ausprägung ganzheitlichen Denkens; eine weitere Möglichkeit, den Körper ganzheitlich zu erfassen, bietet die Überlegung, die Organe als verkleinerte Spiegelbilder des Organismus zu betrachten. Gemäß dieser Betrach-

tung enthält einerseits jeder Körperteil ein Abbild des gesamten Organismus: Fuß, Hand, Ohr und Auge – sämtliche Organe bilden nicht nur sich, sondern auch den gesamten Körper ab.
Aus diesem Grund kann ein Reiz auf einen bestimmten Punkt eines Körperteils Wirkungen in einem anderen Körperteil erzeugen. Die Konsequenz: Beschwerden der inneren Organe sind von außen über bestimmte Hautzonen beeinflussbar und heilbar, selbst wenn diese Hautzonen von den erkrankten Organen weit entfernt liegen. Auf diesem Theorienbündel basierte die Medizin der Maya, eines indianischen Volkes im Norden Zentralamerikas und Mexikos.

Weitere Forscher, deren Entdeckungen maßgeblich für die Reflexzonentherapie waren, sind der russische Nobelpreisträger Iwan P. Pawlow und die Gebrüder Huneke.

Kleine Kulturgeschichte der Reflexzonentherapie

Erstmals in der vorkolumbianischen Hochkultur der Maya (100 v. Chr.–900 n. Chr.) wird die Reflexzonentherapie als komplexes Diagnose- und Therapiesystem erwähnt. Dieses System wurde im Jahr 900 n. Chr. auf den Steintafeln des Maya-Altars von Copàn in 36 verschlüsselten Bildern ausführlich dargestellt. Die Entschlüsselung dieser Bilder gelang Dr. William H. H. Fitzgerald, einem Hals-Nasen-Ohren-Arzt aus Hartfort, Connecticut (USA), und Eunice D. I. Stopfel, einer Masseurin, im Jahr 1938. Doch bereits vorher waren Kenntnisse der Reflexzonentherapie nach Europa gelangt. 1580 veröffentlichte der Leipziger Arzt Dr. Ball eine wissenschaftliche Abhandlung über Reflexzonen. Außerdem ist ein Bericht über den Florentiner Bildhauer Benvenuto Cellini (1500–1571) erhalten, der beschreibt, dass Cellini Schmerzen erfolgreich durch Druck auf Zehen und Finger kuriert habe. Gegen die Schulmedizin konnte sich diese »suspekte« Theorie jedoch erst zu Beginn des 20. Jahrhunderts durchsetzen.

Die Arbeiten des englischen Nervenarztes Sir Henry Head (1861–1940) über Hauthyperalgesie (übergroßes Schmerzempfinden bei Druck) und Hauthyperästhesie (übergroße Berührungsempfindlichkeit bestimmter Hautzonen) bei Erkrankungen innerer Organe waren ebenfalls richtungweisend. Head beobachtete, dass eine Verbindung zwischen Hautpartien und Organen besteht, die ihre sensiblen Fasern aus dem gleichen Rückenmarksegment beziehen. Beispielsweise reagieren die Hautpartien über dem rechten und linken Schlüsselbein vermehrt schmerzempfindlich, wenn das Zwerchfell angegriffen ist. Es kommt zu Haut- und Bindegewebeveränderungen. Der Neurologe Head »kartografierte« die Hautoberfläche nach diesen Bezügen und entwickelte so die »Headschen Zonen«.

Fitzgerald stellte fest, dass sich die Reizung eines Körperteils immer nach demselben Muster auf einen anderen Bereich des Organimus auswirkt.

Zehn Zonen

Fitzgerald hatte an der Universität von Vermont (USA) studiert, war später in Boston, London und Wien als Arzt tätig und hatte aufgrund seiner Beobachtung, dass die Reizung eines Teils des Körpers sich nach immer denselben Regeln auf andere Teile des Körpers auswirkt, eine Theorie der Körperzonen entwickelt. Er teilt in seinem Buch »Zonentherapie«, 1917 in Columbus, Ohio (USA) erschienen, den Körper in zehn so genannte Längengrade ein, fünf auf jeder Seite des Körpers. Die Zonen haben ihren Ursprung in den Fingerspitzen der rechten wie linken Hand, laufen die Arme entlang zum Kopf und von dort aus an der Vorder- und Rückseite des Körpers zu den Zehen.
Fitzgerald stellte weiterhin fest: Wenn eine dieser zehn Körperzonen durch Drücken, Streichen oder Kneten gereizt wird, so wirkt sich dies auf ein Organ aus, das in derselben Zone liegt.

Headsche Zonen

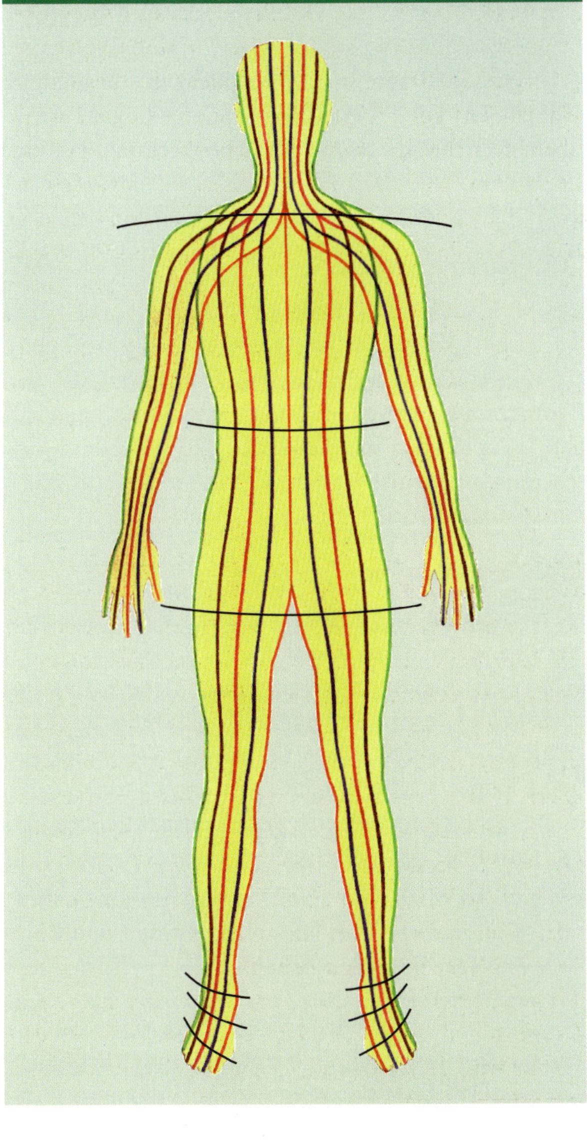

Fitzgerald teilte den Körper in zehn Längengrade ein, fünf auf jeder Seite einer gedachten Mittellinie des Körpers. Diese Mittellinie entspricht der Wirbelsäule.

Neben den Nervenverbindungen zwischen inneren Organen, Muskel- und Hautsegmenten, schlussfolgerte Fitzgerald, müssten energetische oder elektromagnetische Verbindungen herrschen, die mit den herkömmlichen wissenschaftlichen Methoden noch nicht nachweisbar sind. Dass diese energetischen Verbindungen vorhanden waren, zeigten die positiven Auswirkungen der Behandlung.

Die Wirkungsweise der Reflexzonentherapie lässt sich mit dem mechanistischen Weltbild der Schulmedizin nur bedingt vereinbaren.

Die Wirkungsweise

Wie wirkt nun die Reflexzonenmassage? Auch wenn die biophysikalischen Vorgänge wissenschaftlich nicht erwiesen sind, lassen sich empirisch, anhand vielfältiger Beobachtungen, mehrere Thesen über das Phänomen der Weiterleitung mechanischer Reize über Hautrezeptoren und die Verbindungen zwischen Körperinnerem und Körperperipherie aufstellen.

Unser Nervensystem

Im menschlichen Organismus werden Reize über zwei Nervensysteme weitergeleitet:

- Das Zentralnervensystem umfasst Gehirn, Rückenmark und periphere Nerven und ist zuständig für Koordination, Sensibilität, Muskelbewegung, also für im weitesten Sinn bewusste Abläufe.
- Das autonome Nervensystem steuert alle vegetativen, unwillkürlichen oder unbewusst ablaufenden Prozesse in unserem Organismus, z. B. Verdauung, Herz- und Kreislauftätigkeit, Drüsenfunktionen, Atmung.

Das Nervensystem hat mehrere Möglichkeiten, einen Reiz zu verarbeiten:

- Die auf die Haut ausgeübten Reize oder Impulse werden über die hinführenden (afferenten) Nervenbahnen zum Rückenmark weitergeleitet und dort sozusagen umgeschaltet auf die vegetativen Nervenfasern, welche die Reize dann an das betreffende Organ weiterleiten.

▶ Die Impulse werden über das Zwischenhirn, genauer den Thalamus, an die efferenten (ableitenden) Nerven und an das entsprechende Organ geleitet. Die Umwandlung eines mechanischen Reizes in ein von den Nerven leitbares so genanntes Aktionspotenzial findet dabei im lockeren, faser- und zellreichen, den ganzen Organismus durchziehenden Bindegewebe statt.

Neben dem Nervensystem werden bei dieser Übertragung von Impulsen auch die Blutgefäße und Lymphbahnen als Transportwege benutzt. Sie stehen in enger Verbindung mit dem autonomen Nervensystem und regeln mittels hormoneller Botenstoffe und biochemischer Reaktionen die Ernährung, den Stoffwechsel und das Wachstum des Körpers.

Zusätzlich zu diesen Verbindungen zwischen Nervensystem und Organen existieren jedoch auch noch Leitungen, die einzelne Organsysteme direkt miteinander verknüpfen. Diese zumeist vegetativ funktionierenden Verbindungen heißen Reflexbogen.

Die Reflexzonentherapie nutzt Übertragungswege im Körper, die nicht unbedingt den klassischen Nervenleitungen folgen. Nicht zuletzt deshalb ist ihr Erfolg mit den Mitteln der Schulmedizin nur schwer erklärbar.

Reflexbogen spannen sich zwischen

- Haut und Muskeln
- Haut und Innenorganen
- Muskeln und Innenorganen
- Den verschiedenen Innenorganen selbst

Der Informationsfluss ist dabei ein wechselseitiger und läuft also auch umgekehrt:

- Zwischen Muskeln und Haut
- Zwischen Innenorganen und Haut
- Zwischen Innenorganen und Muskeln

Erst das reibungslose Zusammenspiel all dieser Systeme erhält unsere Gesundheit aufrecht. Funktioniert eines dieser Systeme nicht einwandfrei, ist der Informationsfluss innerhalb unseres Organismus maßgeblich gestört, es kommt zu Ausfällen oder minderer Funktion der anderen Systeme.

Das biologische Grundgesetz von Arndt-Schulz besagt, dass kleine Reize anregen, starke Reize hemmen und stärkste Reize lähmen. Dies sollte bei der Behandlung immer berücksichtigt werden.

Das Zusammenspiel zwischen aktiver Reizung und passiven, vegetativen Nervenfasern (Sympathikus und Parasympathikus) ist ausschlaggebend für:

- Wiederherstellung des energetischen Gleichgewichts
- Entspannung eines überhöhten Muskeltonus
- Rückführung des Organs in seine normale Funktion
- Steigerung der Abwehrkraft

Die Symptome

Die bereits angesprochene Korrespondenz zwischen dem Körperinneren und -äußeren zeigt sich darin, dass nicht nur ein Organ beeinträchtigt ist, sondern auch die ihm entsprechende Unterhaut- oder Bindegewebezone. Kennzeichen dieser Störung sind:

- Hohe Berührungsempfindlichkeit
- Gesteigertes Schmerzempfinden
- Aufquellen und Dellenbildung des Bindegewebes
- »Sandige« Ablagerungen unter der Haut
- Knötchenbildung unter der Haut

Die Heilung

Eine Folge von Impulsen oder Reizen entspannt und lockert die Reflexzone. Dadurch lösen sie die kristallinen Strukturen auf. Sie verbessern die Durchblutung des gereizten Gewebes. Und sie stellen über den Informationsfluss auf den Nerven-, Blut- und Lymphbahnen die regulären Verhältnisse in dem aus dem energetischen Gleichgewicht geworfenen Organ wieder her.

Die Füsse – Spiegel unseres Organismus

Die drei gundlegenden Thesen der Reflexzonentherapie lauten:

- Über die Haut können innere Organe beeinflusst werden.
- Innere Erkrankungen werden organfern, von außen, ertastbar.
- Von unten – vom Fuß her – kann auf oben, nämlich auf alle anderen Körperteile, eingewirkt werden.

Die Anwendungsmöglichkeiten der Fußreflexzonenmassage sind vielfältig.

- Die Fußreflexzonenmassage ist geeignet zur Diagnostizierung komplexer organischer Störungen.
- Sie verschafft einen Überblick über Anfälligkeiten des gesamten Organismus, die so genannten Störungsmuster.
- Sie kann mit Hilfe dieser Muster zur Früherkennung von Störungen genutzt werden.

Fußreflexzonenmassage als Therapieform

- Die Fußreflexzonenmassage ist sowohl eine Methode, Leiden zu lindern, als auch eine Möglichkeit, vorbeugend Erkrankungen zu verhindern.
- Sie kann sowohl in der Nachsorge angewendet werden als auch begleitend andere medizinischen Therapien unterstützen.
- Die Fußreflexzonenmassage ist eine sanfte Therapie ohne Nebenwirkungen, vorausgesetzt, sie wird vorschriftsmäßig eingesetzt.

Mittel und Wege

- Sie benötigen zur Fußreflexzonenmassage lediglich anatomische Grundkenntnisse sowie die Kenntnis der Reflexzonenpunkte.

Im Folgenden wird derjenige, der reflexzonentherapeutisch behandelt wird, als der Massierte, der Behandelte oder auch als Patient bezeichnet. Trotz dieser Begrifflichkeit sollten Sie immer im Auge behalten: Sie dürfen einen anderen Menschen nur gegen Entgelt oder mit dem Versprechen auf Heilung behandeln, wenn Sie Arzt, Masseur oder Heilpraktiker sind.

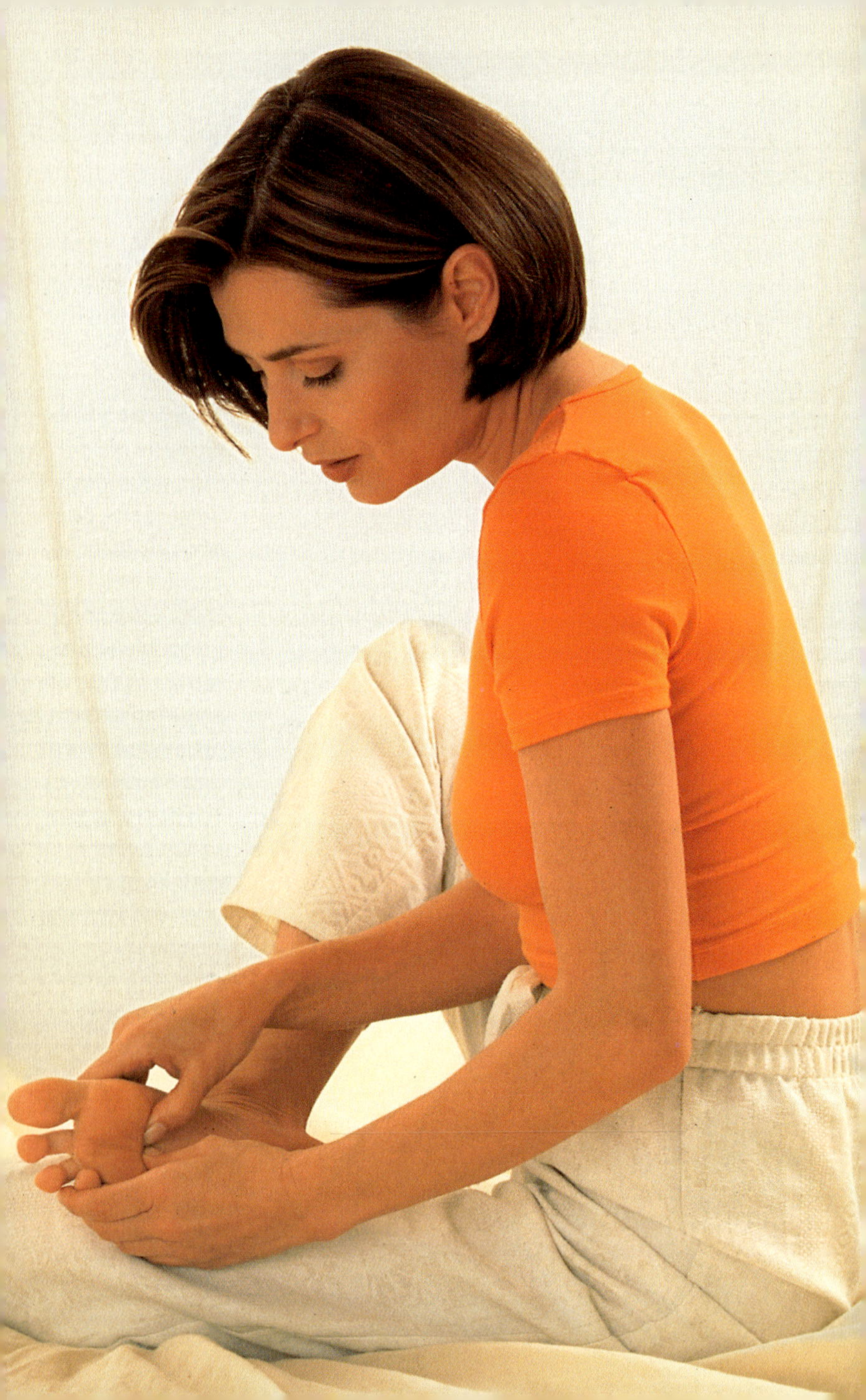

Schuhe aus und los – die Reflexzonen

Halt! So schnell geht es leider nicht. Damit die Fußreflexzonenmassage einen einfachen therapeutischen Zugang zu jedem erkrankten Organ bieten kann und damit Sie mit ihrer Hilfe selbst organische Störungen ganzheitlich therapieren können, müssen Sie bestimmte Regeln beherzigen und sich einige grundsätzliche anatomische Kenntnisse aneignen.

Unsere Anatomie

Die Reflexzonentherapie stützt sich auf die Überlegung, dass sämtliche Organe unseres Körpers auf den Füßen abgebildet sind. Die Reflexzonen am Fuß sind spiegelbildlich zu unseren Organen angelegt. Dabei repräsentieren:

- Die Zehen den Kopf- und Halsbereich samt ihren Organen, also Hirnanhangsdrüse, Gehirn und Augen
- Die Ferse den Unterleib, das Becken und den Beckenraum, den Dünndarm, das Rektum sowie die unteren Extremitäten
- Die Fußinnenseite sämtliche Organe, die sich in der Körpermitte befinden, wie Hals-, Brust- und Lendenwirbelsäule und Blase
- Die Fußaußenseite alle diejenigen Organe, die auch am Körper außen lokalisiert sind, nämlich Ohren, Schultergelenke, Stirn, Kieferhöhlen und Oberarme
- Beide Füße zugleich die in unserem Körper paarig angelegten Organe, also Lunge, Nieren, Nebennieren

Die Kenntnis der Reflexzonen ermöglicht es, die vegetativen Verbindungen zwischen Körperinnerem und Peripherie therapeutisch zu nutzen.

Die Lage der Reflexzonen am Fuß

Der linke Fuß ist für die linke Körperhälfte zuständig, der rechte Fuß für die rechte Körperhälfte.

Um nun die Lage der Reflexzonen am Fuß präzisieren zu können, führen Sie sich erneut die Aufteilung des Körpers in zehn Zonen vor Augen (siehe Abbildung Seite 11) und verlängern gedanklich diese Zonen bis zur Fußsohle. Dadurch werden Fußrücken und Fußsohle in ein Raster aus fünf senkrechten Streifen, auch Strahlen genannt, unterteilt. Diese Strahlen münden in die Zehen. Strahl eins entspricht also einer Verlängerung der großen Zehe in Richtung Ferse, Strahl fünf einer Verlängerung der kleinen Zehe.

Die Anatomie unserer Füße

Sie werden feststellen, dass diese scheinbar abstrakte Einteilung des Fußes im Großen und Ganzen seiner Anatomie doch gerecht wird: Die Zehen mit ihren zwei Zehengliedern an der großen Zehe bzw. drei Zehen-

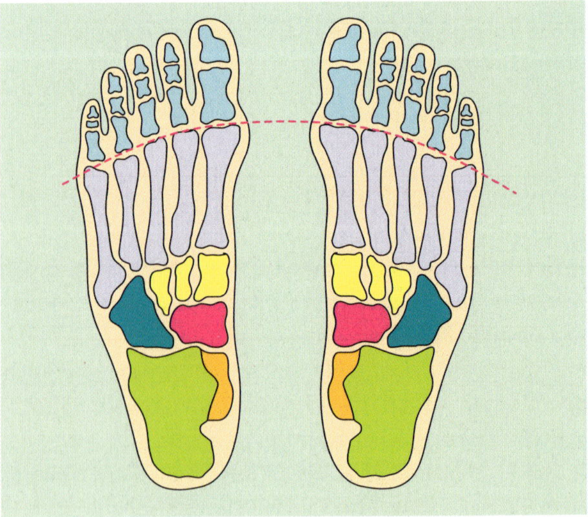

Die Anatomie der Füße: Grund-, Mittel- und Nagelglieder (hellblau); Mittelfußknochen (lila); Keilbein (gelb); Würfelbein (blau); Kahnbein (violett); Sprungbein (orange); Fersenbein (grün).

gliedern an allen übrigen Zehen verlaufen über die Zehengrundgelenke (auch Zehenballen genannt) zum Fußgewölbe, welches wiederum in fünf Strahlen, nämlich in die Mittelfußknochen (Ossa metatarsalia), aufgeteilt ist. Die Mittelfußknochen bilden nach unten hin das Fußgewölbe. Nach hinten werden sie durch die drei Keilbeine, das Würfelbein, das Kahnbein und die Ferse begrenzt.

Die Ferse besteht aus dem Sprungbein an der Fußinnenseite und dem Fersenbein. Das Sprungbein ist über das Sprunggelenk mit dem Unterschenkel verbunden. Über dem Fersenbein liegen Innen- und Außenknöchel, und auf ihm liegt unser ganzes Körpergewicht. Neben den Längszonen, die der senkrechten Einteilung des Körpers in Körperzonen entsprechen, wird der Fuß durch seinen Aufbau in drei beinahe gleich große Querzonen eingeteilt: In Vorfuß, Mittelfuß und die Fersenregion.

Schon der komplizierte Aufbau der Füße aus einer Vielzahl von Knochen, Sehnen und Muskelsträngen macht plausibel, dass der Fuß ein Abbild des ganzen Körpers darstellt.

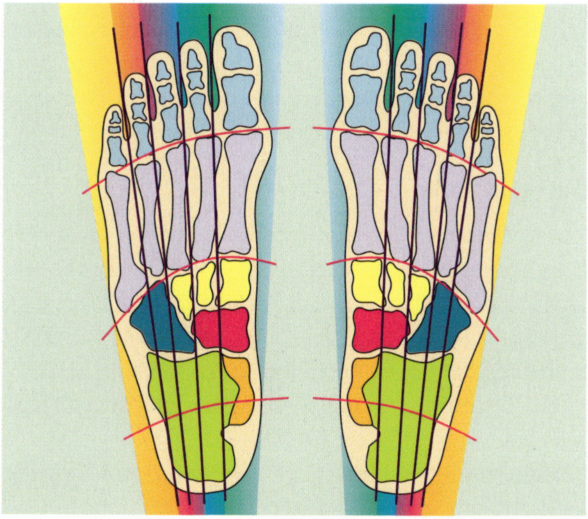

Die Aufteilung des Fußes in Längszonen und Querzonen erleichtert das Lokalisieren der Reflexzonen.

Die Querzonen

Der Vorfuß umfasst die Zehen und den Fußballen. Er reicht bis zur Gelenklinie zwischen Mittelfuß und den Zehengrundgelenken. Die Zehengelenke sind nur in Richtung Zehenunterseite aktiv zu beugen. Nach hinten können sie nur passiv durch Überstreckung der Bänder (etwa mit der Hand) gekrümmt werden. Diese Querzone entspricht dem Kopfbereich bis zum oberen Schultergürtel.

Auf Fußsohlen, Fußinnenseiten, Fußaußenseiten und Fußrücken ist der gesamte Körper repräsentiert – mit Ausnahme der Füße selbst.

Der Mittelfuß

Die Zehengrundgelenke münden in die fünf Mittelfußknochen, die zusammen mit den sieben Sprunggelenkknochen wiederum eine Gelenkfläche bilden. Den Übergang vom Vorfuß zum Mittelfuß legen wir ungefähr einen Finger breit unterhalb der Zehenfurche fest, die den Übergang der Zehen zum Fußballen darstellt. Die Querzone des Mittelfußes endet in der Mitte der Fußwölbung, wo ein Höcker an der Außenseite, also der lateralen Seite, des Fußes ertastbar ist. Diese zweite Zone bildet Brust und oberen Bauch bis einschließlich der unteren Rippenbogen ab.

Die Fersenzone

Das Fersengebiet beginnt unterhalb der Mittelfußzone: Es repräsentiert den Bauchraum bis zum Beckenboden. Der Fußinnen- bzw. -außenknöchel gibt den Übergang vom Fuß in den Unterschenkel an. Auf der Fußrückseite werden die Zonen durch folgende Linien begrenzt:

- Die Furche hinter den Zehen zum Fußrücken (Vorfuß) hin
- Eine gedachte Linie über den Fußrücken, wo die größte Krümmung des Fußrückens ist (Mittelfuß)

Der Mensch und seine Organe

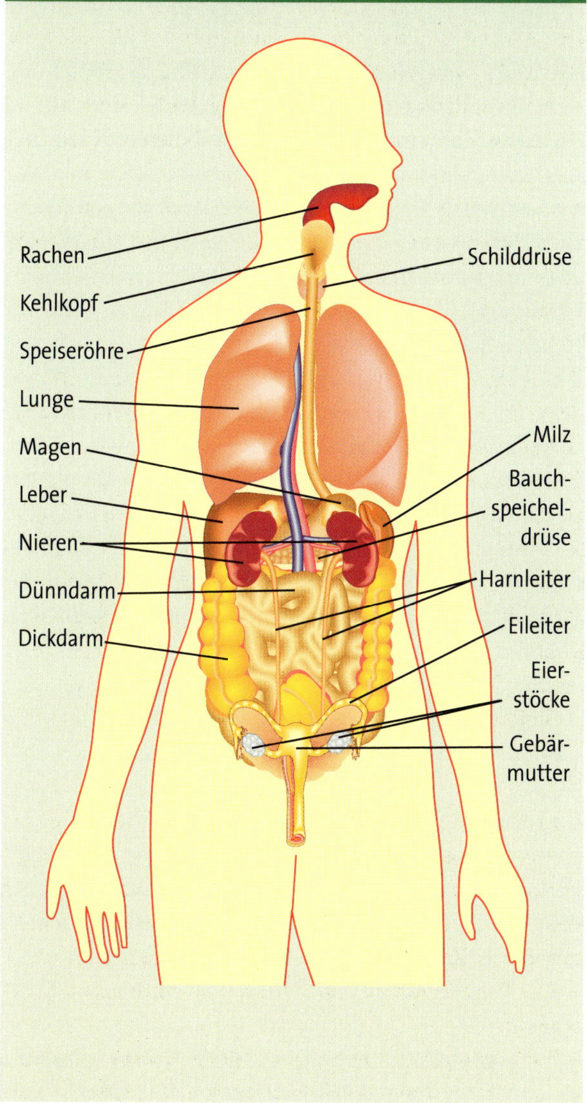

Wo liegen die inneren Organe? Welches Organ grenzt an welches andere Organ und beeinflusst es? Ein kurzer Überblick.

Reflexzonenmassage – was Sie vorher wissen müssen

Wenn Sie Ihren Fuß in die Hand nehmen, so können Sie die Festigkeit der Fußsohle, seine Hornhaut, sein Fett- und Unterhautbindegewebe fühlen. Üben Sie leichten Druck aus, so entdecken Sie, dass es in diesen Geweben weiche und harte Stellen gibt; Stellen die knirschen, wenn man auf sie drückt, andere, die sich schwammig anfühlen oder trocken und faltig. All dies ist von Bedeutung. Schärfen Sie Ihre Wahrnehmung für diese ertasteten Details. Das ist der erste Schritt zu einer erfolgreichen Behandlung.

Sichtbefund

Um Veränderungen, Störungen und Schwachstellen an einem Fuß erkennen zu können, sollten Sie sich zunächst das Erscheinungsbild eines gesunden Fußes einprägen.

Aus der Differenz zwischen normalem und verändertem Fuß können Sie den Grad der Veränderung einer Zone erkennen und daraus auf die Schwere der Erkrankung des betroffenen Organs schließen.

Einen gesunden Fuß haben Sie vor sich, wenn:

- Knochenstruktur, Bänder, Gefäße und Muskeln unverändert sind
- Haut, Unterhaut und Hornhaut nicht verändert sind
- Die Bewegungsfähigkeit der Zehen, Zehengelenke und des Fußgelenks nicht eingeschränkt ist

Hinweise auf Erkrankungen liegen indessen vor, wenn:

- Neben der gängigen Schwielen- und Hornhautbildung Verhärtungen, Verdickungen oder Knochenvorsprünge auftreten, die nicht von der gängigen Belastung des Fußes herrühren können
- Schwellungen, Knoten oder Gefäßveränderungen sichtbar sind, die keine mechanische Ursache haben
- Die Bewegungsfähigkeit des Fußes oder der Zehen eingeschränkt ist
- Verfärbungen, vermehrter Schweißfluss, zu trockene Hautstellen oder Risse erkennbar sind

Tastbefund

Aus diesen Beobachtungen bereits Schlüsse zu ziehen wäre vorschnell und ist erst nach langjähriger Praxis möglich. Jedem Sichtbefund muss ein Tastbefund folgen. Mit seiner Hilfe finden Sie heraus:

- Ob die Störung eine oberflächliche oder eine tiefer gehende ist
- Ob sie über die sichtbare Zone hin in einen anderen Bereich ausstrahlt
- Ob Zonen beeinträchtig sind, deren Veränderung optisch nicht ersichtlich ist

Griffarten

Sowohl zum Ertasten von Störungen als auch zu deren Therapie bedienen Sie sich bestimmter Griffarten. Dabei ist der Daumen Ihr wichtigstes Werkzeug. Sie müssen lernen, mit dem Daumen zu »sehen« bzw. zu fühlen.

- **Der Raupengriff**

Bei diesem Massagegriff liegt die massierende Hand dicht am Fuß auf. Mit einer abknickenden Bewegung des Daumenendglieds üben Sie langsam Druck auf den Fuß (z. B. auf die große Zehe) aus – wie eine Raupe, die sich durch Zusammenkrümmen vorwärts bewegt (siehe Abbildung).

- **Der Zeigefingerdruck**

Den Zeigefinger setzen Sie ein, wenn Sie dem Daumen nicht zugängliche Zonen bearbeiten, z. B. die Zehenzwischenräume. Die Kuppe des Zeigefingers wird an der entsprechenden Stelle angesetzt. Auch der Zeigefinger bewegt sich in der Raupentechnik.

- **Der melkende Griff (Zangengriff)**

Sie ziehen, streichen oder drücken mit Daumen- und Zeigefingerkuppe gleichzeitig. Im Zehenbereich und an der lateralen Seite des Fußes ist der Zangengriff sinnvoll.

Zur Berücksichtigung

- Grundsätzlich beeinträchtigen zu lange Fingernägel die Massage.
- Beginnen Sie mit kürzeren Massagen, bis sich die Muskeln und Gelenke Ihres Daumens gekräftigt haben.
- Arbeiten Sie nur mit leichtem Druck. Sie wollen kein Loch in den Fuß drücken, sondern seine verschiedenen Schichten erspüren. Dazu bedarf es eines langsam steigenden Drucks (siehe auch Seite 78).

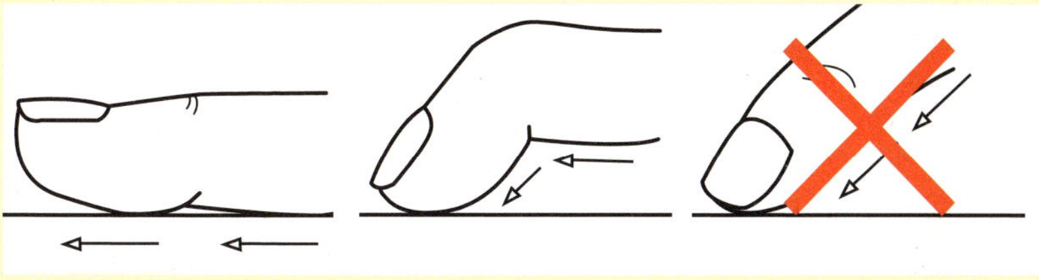

Die erste Massage

Das Schöne an der Fußreflexzonenmassage ist, dass Sie keinerlei Hilfsmittel brauchen. Ihre Hände reichen als Werkzeug völlig aus. Lassen Sie sich nicht einreden, Sie benötigten noch andere Dinge – etwa Stäbchen, Duftstoffe, Massageroller etc. Was Sie jedoch unbedingt brauchen ist Ruhe. Bevor Sie beginnen, sollten Sie die richtige Atmosphäre herstellen. Dies ist bei jeder Behandlung mindestens genauso wichtig wie die Massage selbst. Und noch ein paar Dinge sollten Sie beachten, bevor Sie mit der Massage beginnen.

Sorgen Sie dafür, dass Sie eine halbe bis eine Stunde ungestört sein können. Nichts ist unangenehmer, als wenn Sie plötzlich aufspringen müssen, weil ununterbrochen das Telefon klingelt.

Mit Hand und Fuß

▶ Stellen Sie sich geistig darauf ein, was Sie tun wollen! Konzentration steigert die Wahrnehmung.

▶ Achten Sie auf die Verfassung des Patienten: Nervöse, übersensible oder hektische Patienten brauchen sowohl eine längere Vorbereitungszeit als auch eine längere Therapie. Sie reagieren oft schmerzempfindlicher.

▶ Bereiten Sie den Patienten darauf vor, dass gestörte Zonen auf den kleinsten Druck mit größtem Schmerz reagieren können.

▶ Informieren Sie ihn, dass eine Therapie durch Fußreflexzonenmassage einen Besuch beim Arzt nicht erübrigt, dass es vielmehr sinnvoll ist, jede Diagnose durch einen Arzt bestätigen zu lassen.

▶ Weisen Sie ihn darauf hin, dass eine Heilung durch Fußreflexzonenmassage zeitaufwändig ist, also mehrere Sitzungen notwendig sind, um Beschwerdefreiheit zu erreichen und sie zu erhalten.

Wesentliche Vorbereitungen

Zur Einreibung nach Beendigung der Massage eignet sich Jojobaöl gut, das Sie selbst mit natürlichen Duftstoffen und anderen ätherischen Ölen mischen können.

- Besorgen Sie sich eine Unterlage, damit sich Ihr Patient in Rückenlage hinlegen kann: ein Sofa, bei dem die Füße über das Ende hinaus gestreckt werden können, einen Liegesessel oder ein Bett. Der Boden ist nicht geeignet: Der Massierende muss sich zu sehr bücken und verkrampft leicht.
- Der Raum sollte angenehm warm sein. Insbesondere, wenn Sie einen Ihnen noch wenig bekannten Patienten massieren. Da die Sitzung in diesem Fall länger dauern kann als erwartet, besteht die Gefahr, dass der Patient auskühlt.
- Halten Sie auch in einem normal temperierten Raum eine Decke bereit.
- Schneiden Sie Ihre Fingernägel kurz. Zu lange Fingernägel hinterlassen unangenehme Spuren am Fuß.
- Verwenden Sie weder Öl noch Cremes zur Massage. Beides erhöht zwar die Gleitfähigkeit, beeinträchtigt jedoch die Tastfähigkeit.

Eine bequeme Haltung ist das A und O einer erfolgreichen Fußreflexzonenmassage.

- Gegen eine Einreibung der Füße mit Öl nach Beendigung der Massage ist nichts einzuwenden. Im Gegenteil, sie sorgt für Entspannung und steigert so die Wirkung der Reflexzonenmassage.

Die Massage von Partner zu Partner

Für den Massierenden gilt:

- Besorgen Sie für sich einen Schemel, einen niedrigen Stuhl oder einen Sessel, damit Sie nicht vor dem Patienten knien oder hocken müssen. Eine unbequeme Haltung vermindert Konzentration und Wahrnehmung.
- Setzen Sie sich bequem ans Fußende vor die Füße des Partners. Die Füße sollten in Höhe Ihrer Ellenbogen sein, damit Sie die Arme optimal bewegen können.

Für den Liegenden gilt:

- Waschen Sie sich die Füße, trocknen Sie sie gut ab.
- Ziehen Sie einen Strumpf über denjenigen Fuß, der erst als zweites massiert werden soll.
- Legen Sie ein Kissen oder eine Nackenrolle unter die Kniekehlen. Das gewährleistet eine Entspannung der Oberschenkel- und der Wadenmuskeln.
- Halten Sie die Beine locker gestreckt.
- Entspannen Sie die Rückenmuskulatur.

Legen Sie dieses Buch am besten neben sich, damit Sie anhand der Seite 76f. sowie anhand der Abbildungen auf den Umschlaginnenseiten theoretisch mitverfolgen können, wo sich Ihre Hände gerade praktisch bewegen.

Selbstmassage

Die Fußreflexzonenmassage ist eine der wenigen Massageformen, die Sie an sich selbst durchführen können. Dazu reichen ein Sessel oder Sofa mit gerader Lehne und ein Kissen, das Sie unter das Knie legen.

- Waschen Sie die Füße, trocknen Sie sie gut ab.
- Ziehen Sie einen Strumpf über den Fuß, den Sie als zweites massieren wollen, damit er nicht auskühlt.
- Legen Sie den nackten Fuß auf den anderen Oberschenkel, die Fußsohle soll dabei nach oben zeigen.

▶ Bei Krampfadern ist es nicht ratsam, die Beine längere Zeit stark abzuknicken, weil dadurch die Durchblutung beeinträchtigt ist.

▶ Wenn Sie Mühe haben, den Fuß in die oben beschriebene Position zu bringen, legen Sie ihn aufs Knie.

Massagetechniken

Die folgenden Anleitungen beziehen sich auf Ihren eigenen Fuß und auf den des Partners.

▶ Beginnen Sie damit, dass Sie den Fuß mit beiden Händen fassen.

▶ Die Daumen liegen auf der Fußsohlenseite, die anderen Finger auf dem Fußrücken. Wichtig ist dabei vor allem eine gute Handauflage, damit Sie die Massage unverkrampft durchführen können.

▶ Diejenige Hand, die nicht massiert, fungiert als Stütze für den Fuß.

▶ Halten Sie stets mit der ganzen Hand guten Kontakt. Wenn Sie den Fuß nur mit den Fingerspitzen erfassen,

Sie arbeiten mit dem Daumen in kreisenden Bewegungen, um Oberhaut und Bindegewebe gegeneinander zu verschieben.

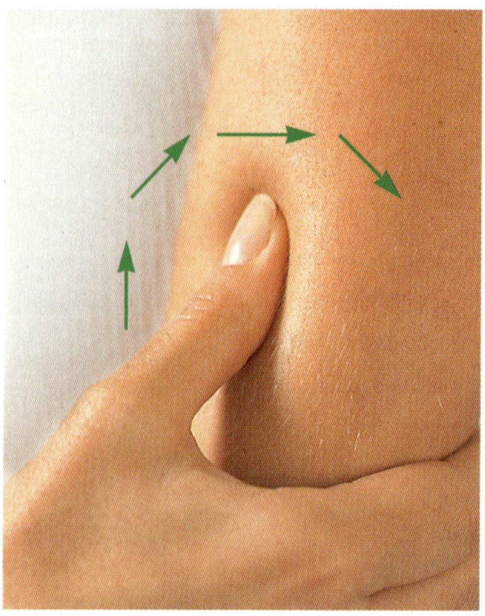

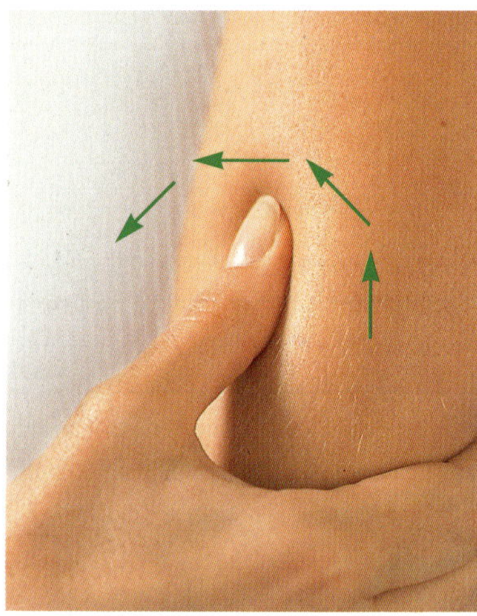

bleibt Luft zwischen den Handflächen und dem Fuß. Besonders der Daumenballen muss am Fuß anliegen. Dieser Kontakt ist wichtig, damit das Daumengrundgelenk von unten Unterstützung hat und sich nicht umbiegen kann. Es könnte sonst Schaden nehmen.

▶ Der Daumen bewegt sich kreisend, um die Haut gegen das Bindegewebe zu verschieben. Diese kreisende Bewegung erfolgt nicht aus dem Daumengelenk, sondern aus Arm und Schulter heraus.

▶ Halten Sie dabei das Handgelenk ruhig, knicken Sie den Ellenbogen nicht ab. Nur so können Schulter, Ellenbogen, Handgelenk und Daumen eine starre, aber kräftige Achse bilden.

▶ Korrigieren Sie immer wieder diese Haltung, damit Sie einerseits Ihr Hand- und Daumengelenk nicht strapazieren, andererseits der richtige Druck auf die eigenen Füße oder die des Partners gewährleistet ist.

▶ Achten Sie am Anfang mehr auf Ihre Hände als auf die Füße, die Sie massieren.

▶ Streichen Sie zuerst völlig ohne Plan über die Fußsohle, über die Zehen, Fersen, den Fußrücken und die Gelenke. Erfassen Sie die Beschaffenheit des Fußes, indem Sie mit leichten streichenden Bewegungen des Daumens die Fußsohle betasten.

▶ Registrieren Sie genau, wie weich, wie warm und wie feucht der Fuß ist, wie er sich zu verschiedenen Tageszeiten anfühlt, welche Eigenheiten er aufweist.

▶ Bei den Streichungen ist Vorsicht geboten, denn die Zehen sind noch empfindlicher als Ihr Daumengelenk.

▶ Wenn Sie auf die Zehen drücken, so müssen Sie stets von der Rückseite mit den Fingern eine Auflage schaffen, damit die Zehen nicht umknicken. Üben Sie mit der stützenden Hand Gegendruck aus, damit sich die Zehen nicht gegen den Fußrücken biegen.

Keine Massageanwendung bei kalten Füßen! Nur warme Füße sind ausreichend durchblutet, um eine erfolgreiche Behandlung zu garantieren. Also wärmen Sie die Füße erst auf, wie es nebenstehend beschrieben ist, bevor Sie mit der eigentlichen Reflexzonenarbeit beginnen.

▶ Das ist natürlich besonders wichtig, wenn es um fremde Zehen geht!

▶ Normalerweise fühlen sich die leichten streichenden Bewegungen angenehm an. Sollten Sie bereits hier auf schmerzhafte Stellen stoßen, so werfen Sie einen Blick auf die Gesamtabbildungen der Reflexzonen (siehe Abbildungen auf Seite 76f. und den Umschlaginnenseiten).

▶ Schmerzhafte Stellen deuten auf Störungen des Organismus hin.

Sie werden sehen, dass Sie allein durch das behutsame Streichen eine ganz neue Beziehung zu Ihren Füßen bekommen.

Erste Schritte

Gehen Sie mit Ihren Fingern auf Entdeckungsreise. Streichen Sie in oben beschriebener Weise weiter, bis Sie das Gefühl haben, die ganze Unterseite Ihres Fußes erforscht zu haben. Möglicherweise ist ein kalter Fuß bereits ein wenig wärmer geworden oder ein feuchter etwas trockener. Auch die Oberseite des Fußes, der Fußrücken, ist Objekt der Massage. Hier befindet sich wesentlich weniger Fleisch, deshalb spürt man die Härte der Knöchel und Sehnen leichter. Auch hier wenden Sie bitte nur streichende Bewegungen an. Experimentieren Sie, und spielen Sie mit Ihren Bewegungen. Wenn Sie nur leicht streichen, können Sie nichts falsch machen. Im Anschluss daran können Sie das Gebiet um die Ferse, die Fußgelenke und den unteren Teil des Unterschenkels ebenfalls bearbeiten. Der andere Fuß wird in genau der gleichen Weise behandelt.

Im Prinzip haben Sie mit diesen Streichungen bereits eine Kurzform der Fußmassage gelernt, die Sie anwenden können, wenn Ihre Beine durch langes Laufen erschöpft sind. Die eigentliche Fußreflexzonenarbeit beginnt erst, wenn Sie die Füße auf oben geschilderte Weise aufgewärmt und vorbereitet haben. Es gibt zwei Möglichkeiten, den Fuß durchzuarbeiten: von der Ferse zu den Zehen oder umgekehrt. Je nach Bedürfnis oder Problemstellung beginnen Sie bei den Zehen, die die Kopfzone repräsentieren, oder bei der Ferse, die für den Beckenraum steht. Wichtig ist, egal wo Sie mit der Behandlung beginnen, dass Sie den richtigen Massagegriff anwenden (siehe Seite 22).

Vergegenwärtigen Sie sich erneut die Grundregel der Reflexzonenmassage: Äußere auf den Fuß einwirkende Reize werden an die korrespondierenden inneren Organe weitergegeben. Umgekehrt werden Schwächen der inneren Organe an den Veränderungen der entsprechenden Reflexzonen sichtbar.

Fuß und Patient gesund

▶ Die Haut fühlt sich seidig und weich an, der Fuß entspannt und erwärmt sich. Seine Haut ist rosig und gleichmäßig durchblutet. Sie bzw. Ihr Patient fühlen sich wohlig und etwas müde.

Wunderbar! Sie haben einen gesunden Fuß, und es liegen keinerlei Abweichungen oder Störungen vor. Alles spricht dafür, dass Sie auch sonst gesund sind.

So zeigen sich Störungen

▶ Sie tasten Vertiefungen oder Verdickungen im Unterhautgewebe.

▶ Es fühlt sich an, als seien Sandkörner unter der Haut oder grießartige Ansammlungen.

▶ Sie spüren Knötchen oder Knoten unter der Haut.

▶ Sie ertasten tiefer liegende Verhärtungen.

▶ Es schmerzt, als ob Sie Ihre Fingernägel nicht genug geschnitten hätten oder als ob Sie massiven Druck ausüben würden. Es ist ein oberflächlicher, kurzer Schmerz an einer umschriebenen Stelle. Stellen Sie durch Wiederholung sicher, dass Sie nur mit der Daumenkuppe arbeiten.

▶ Sie spüren einen tiefer sitzenden, nicht klar einzugrenzenden, dumpfen Schmerz, der länger anhält.

Diese Erscheinungen sind Zeichen einer gestörten Zone. Kneten Sie diese Schmerzzonen nicht, sondern streichen Sie um sie herum.

Angenehme Schmerzen?

Der angenehme Schmerz – gibt es den? Fußreflexzonenmassagepatienten bejahen diese Frage und beschreiben den Schmerz als mit einem Kribbeln beginnend und sich über ein Brennen zu einem dumpfen Druckgefühl steigernd. Dieser Schmerz zeigt, dass das Gewebe nach Berührung und Massage ruft, um abgelagerte Schlacken abzubauen.

Stoffwechselschlacken entstehen durch mangelhaften oder unvollständigen Abbau und Umwandlung von Nährstoffen durch die Zellen. Die Folge ist ein erhöhtes Vorkommen von Stoffwechselzwischenprodukten, die gespeichert statt abtransportiert werden. Obwohl noch niemand die Knötchen, die unter der Haut gelegentlich als »Sand« oder als »Kristalle« zu fühlen sind, untersucht hat, gilt als gesichert, dass es sich (wie auch in der größeren Muskulatur) um Verhärtungen durch Stoffwechselschlacken handelt. Für diese Anschauung spricht auch, dass die Knötchen sich nach mehreren Sitzungen aufzulösen beginnen.

Auch die Schmerzen, die Sie an anderen Stellen empfinden mögen, verschwinden häufig nach einigen therapeutischen Sitzungen, und mit ihnen verschwinden gleichzeitig die Störungen, die sie verursacht haben.

Zeit ist wichtig

Nehmen Sie sich unbedingt Zeit. Eine Fußreflexzonenmassage sollte nicht unter 25 Minuten dauern und kann je nach Krankheitsbild und Ausdauer bis zu einer Stunde betragen. Einkalkulieren sollten Sie neben dem Anwärmen des Fußes durch Streichungen auch das Ausstreichen der Füße zu Ende der Behandlung und eine Ruhezeit von mindestens zehn Minuten. Dabei sollten Sie die Füße des Patienten warm einpacken. Erst dann ist die Behandlung beendet. Die Abstände zwischen den Behandlungen können zwischen einem Tag bis zu einer Woche betragen, sollten jedoch nicht länger sein.

Die Diagnose

Den Schmerz deuten

Die primären Schlussfolgerungen, die Sie ziehen können, wenn Sie auf schmerzhafte Zonen stoßen, leiten sich aus der Art des Schmerzes ab:

- Wenn Sie einen stechenden, kurzen, oberflächlichen Schmerz spüren, quasi einen Messerstich oder Messerschnitt, lässt das auf eine akute Störung schließen.
- Bei einem lange anhaltenden, unscharfen, dumpfen, tiefer liegenden Schmerz besteht der Verdacht auf eine chronische Erkrankung.

Auf die Art der Störung können Sie aus dem Schmerz nicht rückschließen. Reagieren mehrere Zonen gleichzeitig schmerzhaft, erlaubt die unterschiedliche Intensität des Schmerzes jedoch Schlüsse auf das die Störung auslösende Organ.

Wichtig ist in jedem Fall: Ihre Diagnose muss von einem Arzt oder erfahrenen Heilpraktiker abgeklärt werden.

Das Gespräch

Wesentlich ist daher nicht nur die gezielte, fachgerechte Massage. Wichtig ist ebenfalls das Gespräch mit dem Patienten. Es dient dazu herauszufinden:

- Ob Krankheiten oder Beschwerden vorliegen
- Ob das betroffenen Organ bereits mit Erfolg behandelt wurde, auf welche Weise und über welchen Zeitraum
- Ob eine Erkrankung des Organs länger zurückliegt
- Ob es sich um Anzeichen einer sich entwickelnden Störung handelt

Unbedingt berücksichtigt werden muss die seelische Verfassung des Patienten. Das erfordert mindestens ebenso viel psychologisches Feingefühl wie die spätere Behandlung Tastsinn.

Ein Schmerz gibt an, dass eine Störung unseres Organismus vorhanden ist; er gibt jedoch nicht unbedingt an, welcher Natur sie ist.

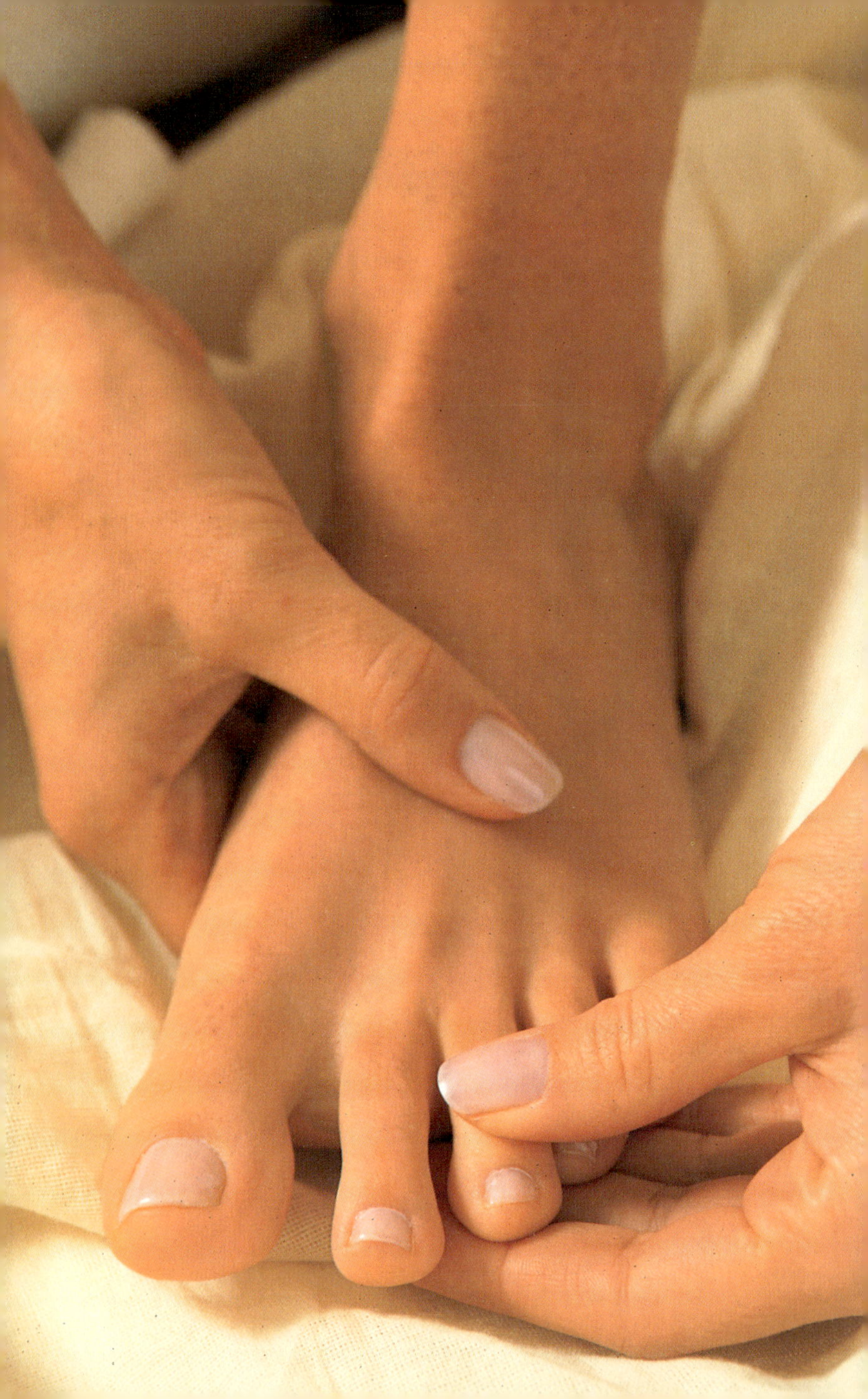

Die Lektionen

Auf den folgenden Illustrationen sind die Reflexzonen als farbige Felder gekennzeichnet. So ist z. B. das blau-lila gestreifte Feld die Zone, von der aus Sie die Leber energetisch beeinflussen können. Alle rechts behandelten Reflexpunkte liegen spiegelbildlich auf der linken Sohle bzw. dem linken Fußrücken. Wenn dies nicht der Fall ist, werden beide Seiten abgebildet. Sind Organe an mehreren Punkten reflektorisch beeinflussbar, so werden Hauptzone und Bezugszone gekennzeichnet.

Lektion 1 – die Zehen

Der gesamte Vorfuß repräsentiert die Kopfregion. Die Spitzen der großen Zehen korrespondieren also mit dem Scheitel. Das Gehirn und die Hirnanhangsdrüse (Hypophyse) haben ihre Zone in der Mitte des obersten Glieds der großen Zehe. Die Schädelbasis, Austrittspunkt wichtiger Nervenstränge, wird dargestellt vom zweiten Gelenk der großen Zehe. Auf den Spitzen der zweiten und dritten Zehe liegen die Zonen für die Stirnhöhle. Die Seiten der Zehen stellen die Lymphzonen dar, genauer den Lymphfluss zwischen den Organen. Die Lymphe ist eine hellgelbe Flüssigkeit, bestehend aus Lymphplasma und Lymphkörperchen, die über Lymphgefäße im ganzen Körper zirkuliert. Sie ist Teil des Abwehrsystems unseres Körpers.

Schädeldach (1); Stirnhöhle, Kieferhöhle, Zähne (3); Großhirn (6); Hirnanhangsdrüse (7); Schädelbasis (9)

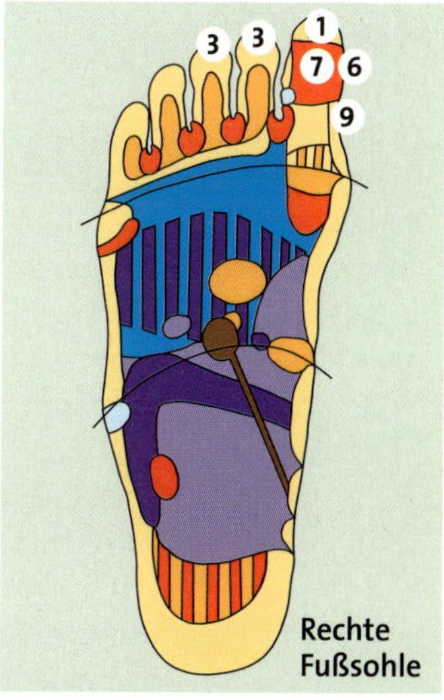

Die große Zehe

Beginnen Sie bei der Massage mit der großen Zehe. Die Zehenspitze massieren Sie durch kreisende, drückende Bewegung mit einer Daumenkuppe. Dabei stützen Sie mit der anderen Hand das Zehengelenk und den Zehenballen. Die Zehen dürfen dabei nicht umknicken. Die Zehenoberseite und -unterseite massieren Sie in der oben beschriebenen Raupentechnik (siehe Seite 22). Dabei umgreifen Sie mit der Linken den Vorfuß und fixieren ihn dergestalt; durch das Abknicken des Daumens oder – wenn es Ihnen leichter fällt – des Zeigefingers der Rechten verschieben Sie die Zehenhaut gegen das Unterhautgewebe. Sie können auch leicht zwickende Anwendungen durchführen: Nehmen Sie die Zehe zwischen Daumen und Zeigefinger Ihrer Massagehand, und verschieben Sie Daumen und Zeigefinger kreisförmig gegeneinander. Üben Sie nur leichten Druck aus, denn die Zehengelenke sind sehr empfindlich.

Das Mastoid ist eine schwammartige Auflockerung des Schädelknochens direkt hinter dem Ohr. Es hat eine enge Beziehung zum Ohr und kann sich in der Folge einer Mittelohrvereiterung entzünden.

Vorsichtig weiterarbeiten

Wenn Sie einige Sicherheit im Umgang mit dem Raupengriff gewonnen haben, können Sie sich zu den Seiten der Zehe bewegen, um dort die Zonen der Lymphgefäße zu massieren. Hier arbeiten Sie sich an der rechten und linken Außenseite der Zehe hinauf.

Wenn Sie die große Zehe auf diese Weise unten, oben, innen und außen bearbeitet haben, so ist der Energiefluss dieser Körperteile aktiviert: der Schneidezähne (beim linken Fuß der linken, beim rechten der rechten), des Gehirns, Kleinhirns und der Hirnanhangsdrüse (Hypophyse), des Schädels, der Schädelbasis und des Nackens, außerdem des obersten Teils der Halswirbelsäule, aller Lymphzonen sowie des Mastoids.

Die zweite Zehe

Massieren Sie nun die zweite Zehe von unten nach oben sowie den Zehenzwischenraum (das so genannte Schwimmhäutchen) zwischen der großen und der zweiten Zehe. Er ist sehr wichtig, da dort die Reflexzone für das Lymphabflussgebiet der Kopfregion beginnt. Dann arbeiten Sie sich per Raupengriff mit leichtem, aber bestimmtem Druck die Zehe nach oben. Rund um das Mittelglied bzw. das zweite Zehenglied der zweiten und dritten Zehe befinden sich die Reflexzonen der Augen. Bei ermüdeten oder entzündeten Augen, aber auch bei Weit- oder Kurzsichtigkeit sollten Sie diese Zone täglich massieren.

Für Augen und Stirnhöhlen

An der Zehenspitze der zweiten (und dritten) Zehe befinden sich weitere wichtige Punkte: die Nebenhöhlen, und zwar Kiefer- und Stirnhöhle. Diese Organe sind häufig Ausgangspunkte für chronische Entzündungen. Deshalb sind diese Zonen am Fuß oft empfindlich. Meistens reagiert die entsprechende Stelle erst nach drei- bis viermaligem Durcharbeiten. Deshalb sollten Sie sie gründlich, aber vorsichtig massieren. Beachten Sie auch die Seiten der Zehen. Hier verlaufen ebenfalls die Lymphzonen. Wenn Sie immer wieder schmerzhafte Stellen in dieser Region finden, können Sie auf Entzündungen oder Vereiterungen der Zähne und des Zahnfleischs schließen. Ein Besuch beim Zahnarzt wird notwendig.

Augen (2); Stirnhöhle, Kieferhöhle, Zähne (3); Schädelbasis (9); obere Lymphwege (12)

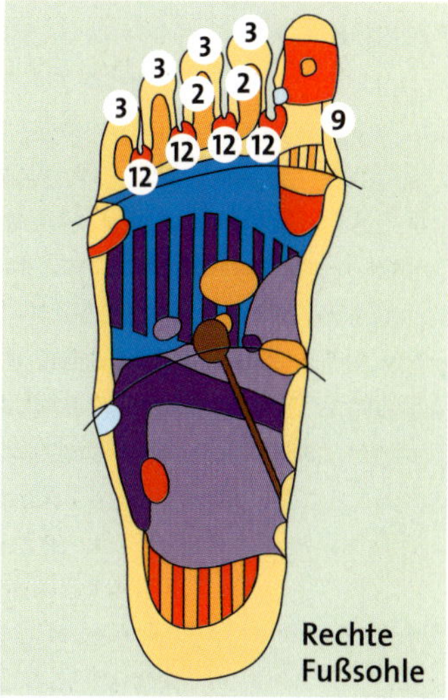

Die dritte und die vierte Zehe

In gleicher Weise wie oben beschrieben, also mit Raupengriff durch Daumen und Zeigefinger sowie mit dem Zangengriff, arbeiten Sie die weiteren Zehen durch. Beginnen Sie mit den Zwischenräumen zwischen den Zehen, gehen Sie dann von unten nach oben zur Zehenspitze. Danach streichen Sie die Seiten und zwicken sie leicht mit den Fingerkuppen. Auch hier haben Sie es wieder mit den Zonen der Augen, Zähne und Nebenhöhlen zu tun. Die äußeren Seiten dieser Zehen bilden die Backenzahnregion. Die kleine Zehe entspricht etwa dem Weisheitszahn und dem letzten Backenzahn, die zweite Zehe etwa den Vorderzähnen. Aber Vorsicht: Bei den Zähnen ist die Zuordnung nicht 100-prozentig möglich, da eine Region in die andere übergreifen kann. Sie können also nur in etwa die betroffene Region im Kiefer (plus/minus ein Zahn) angeben. Eventuell finden Sie auf der Zehenrückseite eher den Oberkiefer und auf der Zehenunterseite den Unterkiefer. Eine eingrenzendere Lokalisation der Reflexzonen der Zähne ist bisher noch nicht möglich.

Augen (2); Stirnhöhle, Kieferhöhle, Zähne (3); Ohr, seitliche Lymphstränge (4); Schläfen, seitliche Kiefer (5); Ohrtrompeten (67)

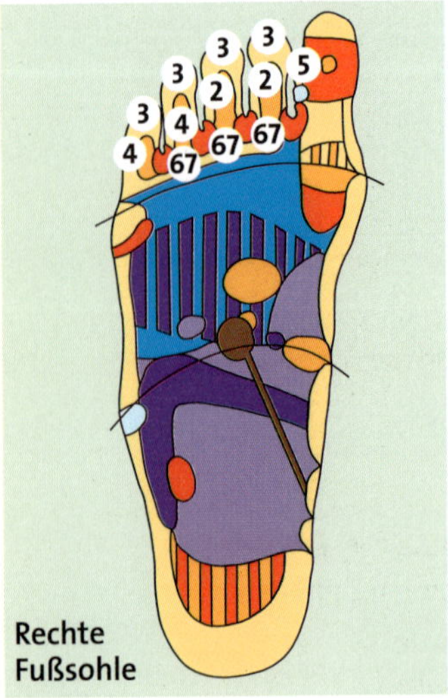

Die kleine Zehe

Laut Zonenlehre befinden sich die Ohren an der kleinen Zehe, denn alles, was außen am Körper ist, findet sich auch außen am Fuß. Die Ohrenreflexpunkte liegen am unteren Zehenglied und am darüber liegenden Zehengelenk. Jedoch auch am mittleren Glied der vierten Zehe können Ohrenreflexpunkte lokalisiert sein.

An beiden Stellen gibt es recht häufig Störungen in Form kristalliner Ablagerungen. Dies rührt daher, dass viele Menschen in der Kindheit wiederholt Mittelohrentzündungen hatten, die zu chronischen Belastungen des Ohrlymphatikums führten. Besonders die Masern ziehen gern derartige Störungen nach sich. Chronischer Schwindel, Ohrenrauschen und Benommenheitsgefühl im Kopf können einem dann das Leben sauer machen. Interessanterweise findet der HNO-Arzt in solchen Fällen selten eine Entzündung. Eine konsequente Fußreflexzonenmassage dieser Punkte bringt jedoch in den meisten Fällen eine Linderung der Beschwerden.

Linkshänder arbeiten mit der linken als Massagehand und der rechten als Stützhand. Sie müssen unsere Anleitungen also »seitenverkehrt« anwenden.

Ein kleiner Gang mit großer Wirkung

Besondere Aufmerksamkeit sollten Sie einer Zone widmen, die am Unterrand der Augen- und Ohrenzone, von der fünften zur zweiten Zehe, verläuft: Sie repräsentiert die Tuben. Die Tuben oder Ohrtrompeten sind Röhren, die vom oberen Rachen zur Paukenhöhle des Ohrs führen. Sie bestehen aus einem knöchernen und einem knorpeligen Abschnitt. Wenn Sie beim Landeanflug eines Flugzeugs ein Druckgefühl in den Ohren verspüren, so sorgen die Tuben beim Schlucken dafür, dass dieser Druck wieder ausgeglichen wird. Diese kleine Verbindung vom Nasenraum zum Innenohr ist bei Erkältungen und Entzündungen des Nasen-Rachen-Raums sehr gefährdet. Die Tuben verkleben leicht und bereiten dann Ohrenschmerzen.

Die Oberseite der Zehen

Zum Abschluss der ersten Behandlung nehmen Sie sich den Fußrücken vor. Die Zehenoberseiten haben dabei kaum Druckpunkte. Sie massieren folglich auch von hier aus die gut tastbaren Zehenzwischenräume.

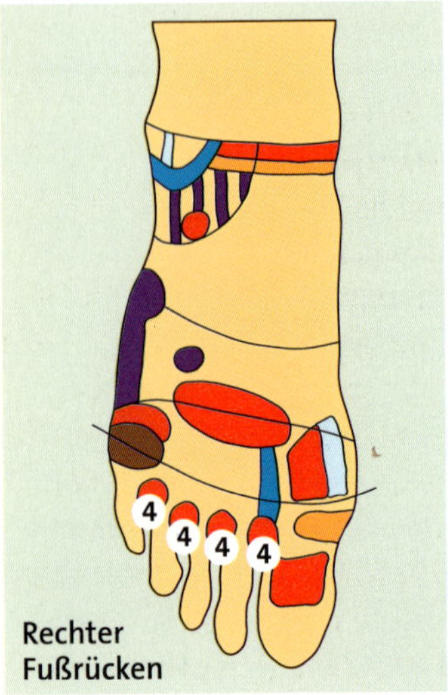

Ohr, seitliche Lymphstränge (4)

Zwischen der großen und der zweiten Zehe fühlen Sie einen weichen Kanal, der sich in Richtung Fußrücken hinaufzieht. Es handelt sich um eine der wichtigsten Lymphzonen des Kopfs und Halses. Diese sollten Sie jetzt ebenfalls bearbeiten. Gehen Sie dabei mit dem Raupengriff vorsichtig etwas tiefer, denn vor allem in der Tiefe finden Sie die empfindlichen Schmerzstellen.

Krampf erzeugt Schmerz …

… und Schmerz verkrampft. Verkrampfungen jedoch führen jegliche Massage ad absurdum.

▶ Machen Sie sich bewusst, dass der unwissentliche Druck auf gestörte Reflexzonen äußerst schmerzhaft sein kann. Um eine Schmerzzone sollten Sie daher vorsichtig herumarbeiten. Wird der Schmerz trotzdem bei jeder Berührung größer, dann lassen Sie die Zone aus.

Durch Schmerz wird eine Abwehrreaktion ausgelöst, die zur Verkrampfung der Blutgefäße und Muskeln führt. Dies ist das Gegenteil dessen, was man bei der Fußmassage erreichen will.

▶ Erhalten Sie sich unbedingt das Vertrauen Ihres Patienten, denn Misstrauen oder Angst unterminieren Ihre Behandlung.

▶ Überprüfen Sie nach Beginn der Behandlung, ob Ihr Patient tatsächlich entspannt liegt, und ob ihm warm ist. Halten Sie Decke und stützende Kissen bereit.

▶ Halten Sie Blickkontakt mit Ihrem Patienten: Ein verzogenes Gesicht oder ein heftiges Einatmen machen Sie auf eine gestörte Zone aufmerksam, lange bevor der Patient sein Unbehagen formuliert hat.

▶ Fragen Sie die subjektive Empfindung des Patienten bei jedem neuen Griff ab, und ermuntern Sie ihn zur spontanen Reaktion auf Ihre Massage.

Wenn's kitzelt

Ein weiteres Problem, das bei der Massage manchmal auftritt: Ihr »Opfer« (Patient, Freundin oder Partner) ist kitzlig. Dies ist häufig ein Zeichen dafür, dass Ihr Partner wenig Gespür für sich selbst hat oder aber einen anderen nicht so gern vertrauensvoll an sich herankommen lassen möchte. In diesem Fall ist ihm eine Entspannung nicht möglich.

Manchmal ist Ihr Patient jedoch lediglich kitzlig, weil er die Berührung seiner Füße nicht gewohnt ist. Probieren Sie doch einmal Folgendes aus:

- Legen Sie die Hände flach an die Fußsohle und den Fußrücken. Toleriert Ihr Partner dies, dann reiben Sie die Füße flächig mit Ihren Händen.
- Findet er/sie dies kitzlig, so nehmen Sie ausnahmsweise ein Öl zu Hilfe, und ölen Sie den Fuß reichlich ein. Oft werden Berührungen auf dieser Gleitzone angenehmer empfunden.
- Probieren Sie außerdem aus, ob ein etwas festerer Druck als weniger unangenehm empfunden wird. Vielleicht gehen Sie nur zu zaghaft vor.

Seien Sie sich bewusst, dass Sie mit einer Fußreflexzonenmassage tief in Körper und Seele Ihres Partners oder Patienten eindringen.

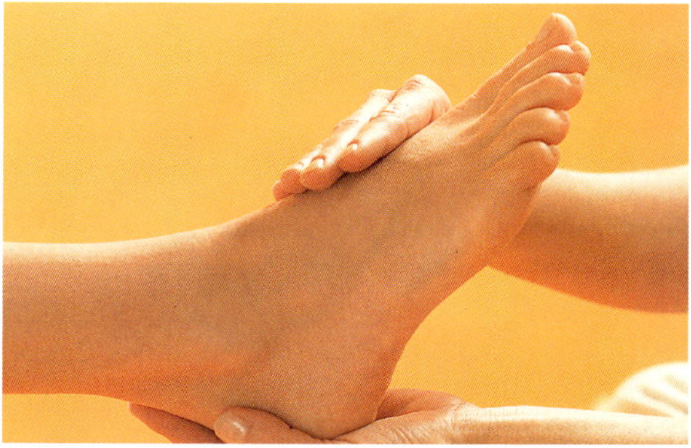

Vertrauen ist die unbedingte Grundlage einer erfolgreichen Fußreflexzonenmassage.

Lektion 2 – Fußballen und Mittelfuß

Nachdem Sie die Zehen, also die Kopfregion, durchgearbeitet haben, beginnen Sie dasselbe mit den Reflexzonen der Brustregion. Diese Reflexzonen sind auf den oder unterhalb der Zehengrundgelenke gelegen. Sie sind erheblich weniger diffizil als die Kopfzonen, da die Gelenke im oberen Mittelfußbereich weniger empfindlich sind. Sie sollten jedoch bei der Behandlung des Ballens und des Mittelfußes vermehrt auf Ihren Daumen achten, da dieser Teil des Fußes sehr muskelreich und zudem häufig verhornt ist, also ein stärkerer Druck vonnöten ist. Denken Sie sich die Strecke zwischen Fußballen und Ferse in etwa halbiert. In der oberen Hälfte liegen alle Reflexzonen der wichtigen Brustorgane (siehe Abbildung Seite 43). Die Halbierungslinie entspricht dem Nabel.

Der Solarplexus ist unser vegetatives Zentrum. Er ist durch Nervenfasern mit den meisten inneren Organen verbunden.

In der Mitte – das Sonnengeflecht

Legen Sie den Daumen etwa in der Fußmitte an. Hier treffen Sie oft bereits den ersten wichtigen und häufig auch empfindlichen Punkt: das Sonnengeflecht (Plexus solaris oder Solarplexus).

Das Sonnengeflecht ist eines der wichtigsten Nervenzentren im Bauchbereich, da es alle Eingeweideorgane des oberen Bauchraums mit Nervenverbindungen versorgt und auch die Durchblutung reguliert. Sie spüren die Wirkung des Sonnengeflechts, wenn Sie einen tüchtigen Schreck bekommen: Sie haben dann das Gefühl, als werde Ihr Bauch leer oder zu einem Loch. Ein heftiger Stoß auf dieses Nervengeflecht verursacht schlimmste Atembeschwerden bis zum Atemstillstand, es bleibt Ihnen die Luft weg, und Sie können sogar ohnmächtig werden.

Das Sonnengeflecht ist relativ häufig gestört, denn alle chronischen Erkrankungen der Oberbauchorgane finden auch im Sonnengeflecht einen Reflexpunkt. Daher massieren Sie diese Zone am besten mit quer gestelltem Daumen und stützen mit der Linken den Fuß, indem Sie ihn an den Zehengrundgelenken halten.

Erschöpfungszustände oder ein allgemeines Schwächegefühl lassen sich durch die Massage der Sonnengeflechtsreflexzone mindern.

Wenn die Atmung gestört ist

Unsere heutige meist sitzende Lebensweise bringt es mit sich, dass das Zwerchfell nicht genügend Bewegung bekommt, weil die Atmung häufig nur oberflächlich stattfindet.

Anstatt mit Brustkorb und Bauchmuskulatur Luft in die Lunge zu ziehen, arbeiten bei vielen Menschen nur Rippenmuskulatur und Zwerchfell (Brustatmung). Die Bauchmuskulatur bleibt passiv, die Atmung flach. Somit entfällt eine regelmäßige natürliche innere Massage der Organe: Sie werden bei der Bauchatmung durch das Einatmen wie ein Schwamm zusammengedrückt, beim Ausatmen füllen sie sich mit neuem Blut. Auch das Sonnengeflecht braucht diese innere Massage, um seine Aufgaben innerhalb des Organismus optimal zu erfüllen.

Vom Sonnengeflechtspunkt aus, den Sie einige Male mit leicht kreisenden, drückenden Bewegungen des Daumens massieren, »raupen« Sie sich am Rand des Fußballens zum Ansatzpunkt der großen Zehe hoch. Dadurch aktivieren Sie bei der Massage der rechten Fußsohle die Gebiete von Leber, Lunge und Schilddrüse, bei der Massage der linken Sohle Herz, Lunge und Schilddrüse.

Luft- und Speiseröhre (15); Lunge (35); Solarplexus, Zwerchfell (36)

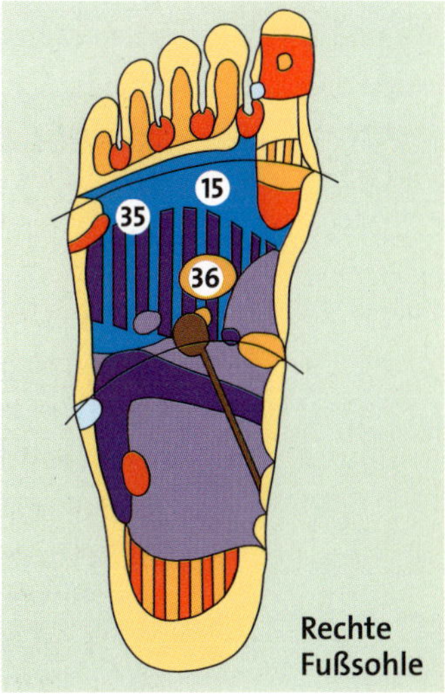

Das Herz

Von einer Bezugszone spricht man, wenn ein Organ, das eigentlich nur auf einem Fuß vertreten sein sollte (wie das Herz auf dem linken), auch auf dem anderen Fuß eine Reflexzone – eben eine Bezugszone – aufweist.

Das Herz liegt etwa in der Mitte des Brustkorbs, nach rechts und links in die Lunge hineinreichend. Eine Herzreflexzone findet sich daher nicht nur am linken Fuß: Am rechten liegt noch eine Bezugszone. Bei der Massage sucht man also die mit dem Herz korrespondierende Zone direkt über der Zone des Sonnengeflechts. Die Überschneidung mit der Lungenzone ist so groß, dass man aus der Lage der Schmerzpunkte allein nicht ersehen kann, welchem der beiden Organe der Schmerzpunkt zuzuordnen ist. Bei einer Störung der Lunge lassen sich häufig auch rechts im Lungengebiet empfindliche Stellen finden. Oft haben Lungenkranke zudem starke Verhornungen in der die Lunge beeinflussenden Reflexzone. Dieses Phänomen tritt bei Herzkranken nicht oder nur selten auf. Bei Herzproblemen massieren Sie die linke Fußsohle unterhalb des Ballens. Schmerzen dieser Zone, z.B. bei nervösen Herzbeschwerden, können bis in den Fußrücken ausstrahlen.

Die Reflexzonen im Mittelfußbereich

- Links liegt das Herz und rechts die Leber, in der Lage, die die Organe im Körper haben. Bezugszonen finden sich für das Herz am rechten Fuß, für die Leber am linken Fuß – dort, wo auch die Magenzone lokalisiert ist.
- Manche Organe können sich in ihren Reflexzonen überschneiden. Das liegt daran, dass beispielsweise die Leber ein gutes Stück in den Brustkorb reicht und damit in das Lungengebiet hineinwirkt.
- Dasselbe gilt für das Herz: Es liegt ebenfalls innerhalb des Brustkorbs, und daher befindet sich seine Reflexzone ebenfalls im Reflexgebiet der Lunge, vor allem links.

Die Lunge

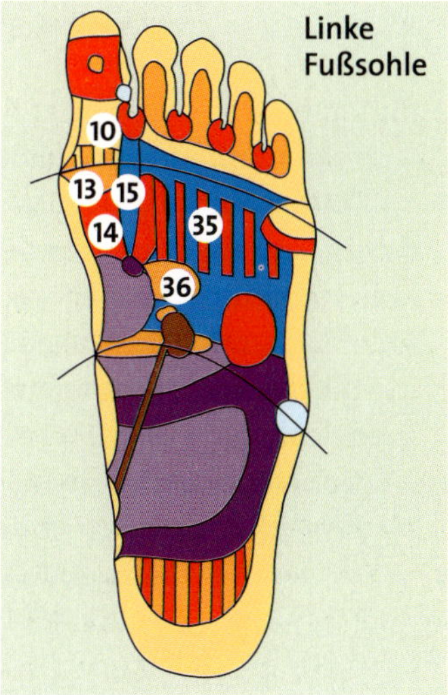

Den größten Teil des Fußballens nimmt links wie rechts die Lunge ein. Sie reicht praktisch über den ganzen Mittelfuß, und ihr Zentrum liegt auf dem Zehenballen unterhalb der dritten bis zur kleinen Zehe. Zonentechnisch gesprochen heißt das: auf dem zweiten, dem dritten und dem vierten Strahl. Diesen Bereich massieren Sie mit dem Daumen. Die Stützhand umfasst dabei den Fußrücken unterhalb der Zehenwurzeln.

In Richtung Fußballen und um diesen herum auf dem zweiten Zonenstrahl befindet sich außerdem das die Bronchien ansprechende Gebiet. Es ist anatomisch leicht zu finden, denn zwischen dem Zehenballen der großen und jenem der zweiten Zehe zieht sich eine schmale Rinne bis zum Mittelfußgewölbe. Die Bronchien reagieren im Fall von Husten und Bronchitis ausnehmend positiv auf eine Massage dieser Zone. Die Fußballenzone selbst spiegelt mehr den Hals und den Kehlkopf wider. An der Kleinzehenseite geht die Lungenzone in die Schultergelenkzone über. Sie erinnern sich an die Zonenverläufe (siehe Seite 10): Beide Schultergelenke liegen, von der Mittellinie aus gesehen, am äußeren Körperbereich. Die Schulterzone liegt im Bereich des Grundgelenks der kleinen Zehe. Dieses Gelenk ist als kleine Vorwölbung optisch gut erkennbar. Da die Schulterzone sowohl auf Fußrücken als auch auf Fußsohle ausstrahlt, massieren Sie sie am besten mit einem kreisenden Zangengriff: Der Daumen liegt auf dem Fußrücken, der Zeigefinger auf der Sohle.

Nacken (10); Schilddrüse, Hals (13); Herz (14); Luftröhre, Speiseröhre, Bronchien (15); Lunge (35); Solarplexus, Zwerchfell (36)

Das Zwerchfell

Training für das Zwerchfell: Lernen Sie richtig atmen. Das stärkt Ihr Zwerchfell und hilft Ihren Verdauungsorganen bei der Arbeit.

Wenn die Lunge erkrankt oder Atembeschwerden auftreten, ist nicht nur die Massage der Reflexzonen für Lunge und Bronchien wesentlich; unterstützend sollte die dem Zwerchfell korrespondierende Zone mitbehandelt werden. Diese Zone zieht sich – analog zum Organismus – als schmaler Streifen am Übergang des Ballens zum Fußgewölbe quer durch alle zehn Zonen, also quer über beide Füße.
Massieren Sie sie unter dem Kleinzehengrundgelenk des rechten Fußes beginnend, fortfahrend zur Fußinnenseite und von der Innenseite des linken Fußes zur Außenseite des linken Fußes.

Der Magen

Der Magen liegt unterhalb von Lunge und Zwerchfell mit seiner größten Ausdehnung in der linken Körperhälfte. Er zieht sich jedoch von dort weit in die rechte

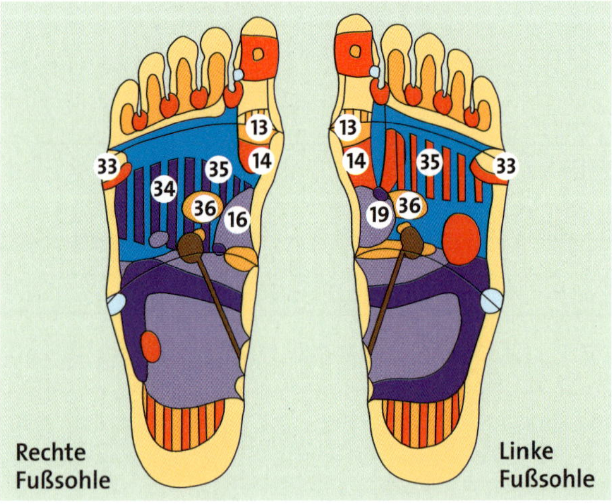

Schilddrüse (13); Herz (Bezugspunkt) (14); Magen (16); Magen und Leber (Bezugszone) (19); Schultergelenke (33); Leber (34); Lunge (35); Solarplexus, Zwerchfell (36)

Körperseite hinüber. Die Magenreflexzone liegt also rechts wie links neben dem Sonnengeflecht, da der Magen auch im Körper quer die beiden Körperhälften durchzieht. Viele Therapeuten unterscheiden eine Hauptzone des Magens und eine Nebenzone. Die Hauptzone lokalisieren sie auf dem rechten Fuß unterhalb des Ballens auf dem ersten und zweiten Zonenstrahl, also unterhalb der großen und der zweiten Zehe im oberen Bereich des Fußgewölbes. Die Nebenzone sitzt an derselben Stelle auf dem linken Fuß. Die Magenzone kann sich bis zur Innenseite des Fußes hochziehen und sehr empfindlich sein. Die Zonen für den Magenausgang und den Zwölffingerdarm finden Sie am rechten Fuß.

Bei Erkrankungen wie Gastritis, Geschwüren und Magenkrebs werden Sie in dieser Zone Verhärtungen, sandartige Ablagerungen oder Schwielen in der Unterhaut ertasten. Bei starken Beschwerden im Bauchbereich sollte unbedingt ein Arzt aufgesucht werden.

Die Magenreflexzone reagiert häufig ausgesprochen empfindlich. Kneten Sie sie zunächst vorsichtig durch, und fragen Sie Ihren Patienten nach Lebens- und Ernährungsgewohnheiten, um Ihre Diagnose abzusichern.

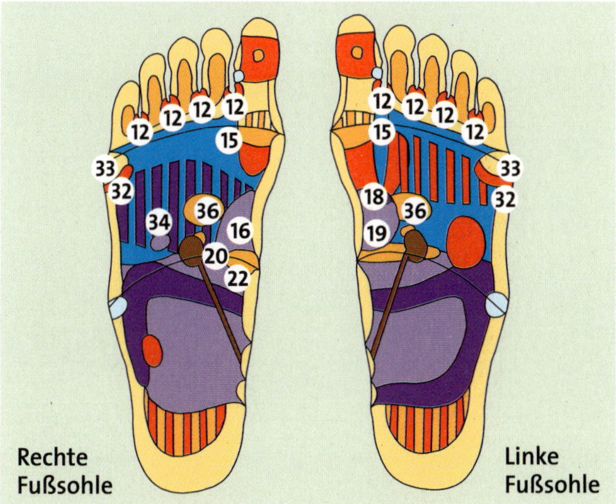

Lymphzone (12); Speiseröhre (Luftröhre, Bronchien) (15); Magen (16); Mageneingang (18); Magen und Leber (Bezugszone) (19); Magenausgang (20); Zwölffingerdarm (22); Achsellymphknoten (32); Schultergelenk (33); Leber (34); Solarplexus (36)

Die Schilddrüse

Das Gebiet für den Kehlkopf und die Schilddrüse befindet sich an beiden Füßen auf dem Fußballen. Bei allen Schilddrüsenproblemen sollten Sie es sorgfältig bearbeiten.

Die inneren Drüsen bilden ein wichtiges Steuer- und Regulationssystem unseres Organismus. Neben der bereits erwähnten Hirnanhangsdrüse (siehe Seite 36), die u. a. ein die Schilddrüse steuerndes Hormon (TSH) produziert, ist auch die Schilddrüse selbst für die Hormonproduktion zuständig. Über die von der Schilddrüse ausgeschütteten Hormone T3 und T4 wird das Stoffwechselgeschehen des Körpers geregelt. Die geistige Entwicklung und das körperliche Wachstum werden durch sie gesteuert. Die Reflexzone der Schilddrüse liegt auf dem Ballen der großen Zehe. Sie nimmt fast den gesamten Ballen ein, ist kreisförmig und wird auch kreisförmig mit dem Daumen massiert. Die Stützhand übt dabei einen leichten Gegendruck am Fußrücken aus. Über- und Unterfunktion der Schilddrüse lassen sich so positiv beeinflussen.

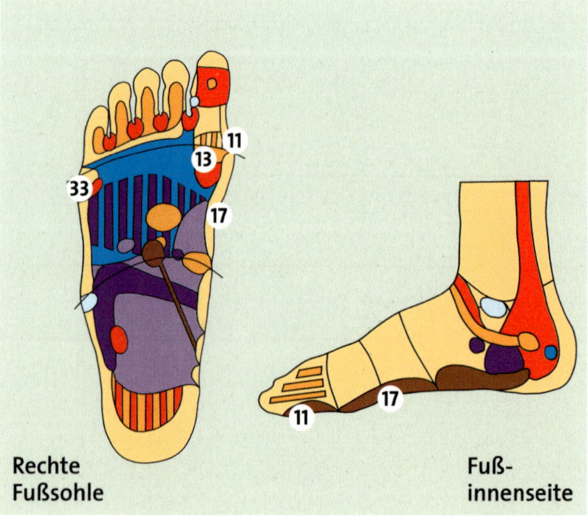

Halswirbelsäule (11); Schilddrüse (13); Brustwirbelsäule (17); Schultergelenk (33)

Schultern und Nacken

Im Bereich der großen Zehe finden sich auf der Sohle unterhalb der Reflexzone für die Hirnanhangsdrüse und die Schädelbasis die den Nacken beeinflussenden Reflexpunkte. Die Nackenmuskulatur stützt nach oben den Kopf und steht nach unten mit den Schultern in Verbindung.

Den gesamten Schultergürtel und die Schultern finden Sie auf den Wülsten an den Zehengrundgelenken der Vorfüße repräsentiert. Diese Wülste sind besonders weich und fleischig.

Massieren Sie die Reflexpunkte für Nacken und Schultern täglich, so beugen Sie Rückenleiden vor. Achten Sie auch auf richtiges Schuhwerk, richtige Sitz- und Arbeitshaltung und ausgleichende sportliche Betätigung.

Hals- und Brustwirbelsäule

Die die Wirbelsäule betreffenden Reflexzonen liegen auf dem ersten Zonenstrahl des rechten wie linken Fußes, also an den Fußinnenkanten. Die Wirbelsäule teilt sich durch ihre Krümmungen in mehrere Abschnitte: Halswirbelsäule, Brustwirbelsäule und Lendenwirbelsäule. Im Vorfußbereich lokalisieren Sie die Zone für die Halswirbelsäule. Sie zieht sich von den Spitzen beider großen Zehen bis zu den Großzehengrundgelenken und ragt damit seitlich in den Kehlkopfbereich. Störungen an ihr sind tastbar bei Arthrose und Bandscheibenvorfall. Das Reflexgebiet der Brustwirbelsäule schließt sich unterhalb des Großzehenballens auf der medialen Seite des Fußes, der Fußinnenkante, an und endet dort, wo das Fußgewölbe am höchsten ist.

Sie massieren beide Wirbelsäulenabschnitte von der Ferse Richtung Zehenspitze mit dem Daumen in kreisender Bewegung und stützen den Fuß mit Hilfe der anderen Hand, indem Sie die Fußaußenkante umfassen. Im Bereich der Brustwirbelsäule können Sie dabei sogar den medialen Mittelfußknochen ertasten.

Die Thymusdrüse ist in der Wachstumsphase für den Aufbau und Ausbau des Abwehrsystems des Organismus und sein reibungsloses Funktionieren zuständig.

Den Mittelfuss durcharbeiten

Der Mittelfußbereich repräsentiert den Oberbauch. Auf ihm liegen die Zonen aller wichtigen Brustorgane und des Magens. Die oberen Abschnitte der Wirbelsäule sind von hier aus beeinflussbar.

Am sinnvollsten gehen Sie für die Massage des Mittelfußes in folgenden Arbeitsschritten vor:

- Nachdem Sie die Zone des Sonnengeflechts kreisend bearbeitet haben, »raupen« Sie sich über den Ballen zu den Zehenwurzeln hoch. Diese massieren Sie mit Daumen oder Zeigefinger in Richtung Fußinnenkante.
- Dabei treffen Sie auf den Fußballen, den Sie am besten von der Spitze des Hügels nach außen hinunter bearbeiten. Diese Massage führen Sie sternförmig durch, bis Sie alle Seiten geknetet haben. Dabei bearbeiten Sie an der Innenseite des Ballens den Thymus.
- Den Wulst des Vorfußes arbeiten Sie von der Mitte nach oben durch. Vergessen Sie nicht, den Fuß sowohl nach vorne als auch nach hinten zu stützen, damit er nicht verkrampft.
- Anschließend massieren Sie die Linie unter den Zehengrundgelenken von innen nach außen oder umgekehrt durch und schließlich die Zone der Schulterregion.
- Auf dem fünften Strahl liegt neben der Schultergelenksreflexzone auf dem Vorfußrücken die Zone der Achselhöhle. Sie wird im Anschluss massiert, denn in ihr liegen große Lymphknoten bzw. Lymphdrüsen.
- Für die Stimulierung der Wirbelsäule beginnen Sie von der Mitte der Fußinnenkante her zu massieren und arbeiten sich zur großen Zehe hoch.
- Im Bereich der Zone der Halswirbelsäule stoßen Sie dabei auf die Zone des Kehlkopfs. Sie liegt in der Grube oberhalb des Zehengrundgelenks der Großzehe. Der Kehlkopf reagiert angegriffen bei Halsentzündungen.

Der Fußrücken

Bisher haben Sie mehrheitlich die Reflexzonen der Fußsohle, der Zehenober- und -unterseite sowie der Zehenzwischenräume massiert. Ihr Griff um den Fußrücken diente lediglich zum Halten und Stützen des Fußes. Wenn Sie nun den Fußrücken durchmassieren, umfasst die Stützhand passiv die Sohle und hält gegen den Druck des behandelnden Daumens einen gleichmäßigen Gegendruck aufrecht.
Auch auf dem Fußrücken wird nur an schwer zugänglichen Stellen wie den Zehenzwischenräumen mit dem Zeigefinger, ansonsten jedoch mit dem Daumen gearbeitet. Der Daumendruck leitet sich dabei aus der Handmitte, dem Arm und der Schulter her. Ebenso wie auf der Fußsohle arbeiten Sie langsam, Zentimeter für Zentimeter, die Reflexzonen in einer Richtung durch. Der Druck, den sie dabei ausüben, ist ein wellenförmig an- und abschwellender Druck, die Kreisbewegung ist konstant.

Nicht vergessen: Der Kontakt des Daumens mit der Reflexzone bleibt immer erhalten. Auch in Pausen oder in der Ausgangshaltung liegt der Daumen locker auf der behandelten Hautfläche auf.

Oben mit weniger Druck

Auf dem Fußrücken, dem so genannten Rist, der ebenso wie die Sohle in Zonenstrahlen eingeteilt ist (siehe Seite 10), liegen weitere wichtige Reflexzonen. Sie werden mit vergleichsweise wenig Druck durchmassiert, da der Fußrücken weniger fleischig ist als die Sohle. Über den Mittelfußknochen liegt kaum Bindegewebe. Mit etwas Fingerspitzengefühl können selbst völlig Ungeübte alle fünf Mittelfußknochen ertasten und ihren Verlauf vom Zehengrundgelenk bis zu den Keilbeinen verfolgen.
Vielleicht haben Sie schon beim Durcharbeiten der Fußunterseite einige sensible Stellen der Fußrückseite durch die Stützhand passiv mitgetastet.

Lektion 3 – die Vorfußrückseite

Auf den Zehennägeln sind natürlich keine Reflexzonen tastbar.

Auf den Zehenoberseiten sind, wie auf den Zehenunterseiten, die Reflexzonen der Zähne lokalisierbar. Die Zonen für die Weisheitszähne sind folglich an den kleinen Zehen, die für die inneren Schneidezähne an den großen Zehen zu finden. Aber Vorsicht: Bei den dazwischen liegenden Zähnen ist eine Zuordnung nicht 100-prozentig möglich. Sie können also nicht entscheiden, ob beispielsweise einer Ihrer Backenzähne auf der dritten oder vierten Zehe lokalisiert ist.

Stirnhöhle, Kieferhöhle, Zähne (3); Ohr, Mandeln, seitliche Lymphstränge (4); Nasen-Rachen-Raum (55)

Während die Zehenunterseite den Unterkiefer betrifft, repräsentiert die Fußrückenseite den Oberkiefer. Dort liegen die Zahnreflexzonen um die Zehennägel herum. Sie können nur durch spitzen Druck mit dem Zeigefinger erreicht werden: Tasten Sie mit der Zeigefingerspitze in die Tiefe bis zum Kontakt mit der Knochenhaut des Zehenendglieds. Vermeiden Sie in jedem Fall ein Umknicken der Zehe! Bei der Massage der Vorfußrückseite sind ebenfalls die Zonen für die Stirnhöhlen ertastbar. Sie liegen auf den Spitzen der zweiten und dritten Zehe.

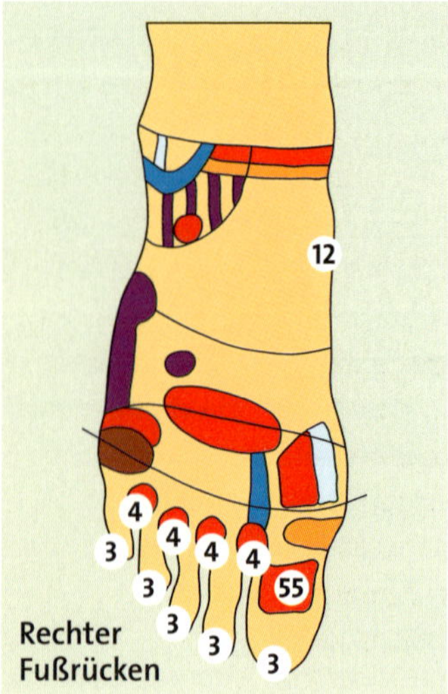

Kiefer- und Rachenbereich

Unterhalb der Zehennägel in Richtung Mittelfuß, also auf dem zweiten und dritten Zehenknochen, sind die Reflexzonen der Kieferhöhle. Sie reichen bis zur Zehenwurzel. Diese Zonen werden sowohl bei der Behandlung der Zehenvorderseite als auch bei der Behandlung der Zehenrückseite bearbeitet. Kieferhöhlenentzündungen entwickeln sich häufig durch unerkannte Erkrankungen und Vereiterungen der Zähne. Folglich behandeln Sie die Zahnreflexzonen und die Kieferhöhlenreflexzonen immer nacheinander. Wenn Ihr Patient empfindlich auf diese Massage reagiert, fragen Sie ihn nach folgenden Symptomen:

- Ein Schweregefühl beim Neigen des Kopfs
- Ungewohnte Schwere des Kopfs beim Bücken
- Schmerzen im Backenzahnbereich des Oberkiefers

Diese Beschwerden sind charakteristisch für eine Vereiterung der Kieferhöhle.

Nasen- und Rachenschleimhäute reinigen und erwärmen die Atemluft. Sie werden häufig von in der Luft befindlichen Bakterien und Krankheitserregern angegriffen.

Nase und Rachenraum

Die große Zehe trägt auf dem zweiten Zehengelenk, das unterhalb des Zehenballens als Einbuchtung erkennbar ist, die Reflexzone für den gesamten Nasen-Rachen-Raum. Diese Zone liegt unmittelbar unterhalb der Schädelbasiszone und zieht sich um die Zehe herum. Sie ist häufig sehr empfindlich. Ursachen dafür sind Erkältungskrankheiten, die zu Enzündungen von Nase und Rachenraum führen, oder allergische Reaktionen. Beide Male ist eine Behandlung dieser Zone sehr hilfreich. Am besten massieren Sie sie mit dem Daumen quer zum Zonenstrahl. Stützen Sie den Fußballen dabei mit dem Handballen Ihrer anderen Hand.

Lymphe und Drüsen

Wie Sie wissen, liegen die Lymphzonen an der Zeheninnen- und -außenseite (siehe Seite 36). Sie sind von vorne wie von hinten zu massieren und reagieren auf die Raupentechnik wie auch auf einen melkenden Griff zwischen Zeigefinger und Daumen.

Gut zugänglich von der Fußoberseite aus sind auch die Gebiete für Mandeln (Tonsillen). Diese sind zwei verschiedenen Zonen zugeordnet, denn sie liegen exakt auf

Im Fall der Schilddrüse steht die Größe der Drüse mit der Größe der Reflexzone in einem direkten Verhältnis.

dem ersten Zonenstrahl, nämlich in der Schwimmhaut zwischen der großen und der zweiten Zehe. Massiert werden Sie am einfachsten mit dem Zeigefinger.

Auch die Schilddrüsenzone (siehe Seite 48) am Fußballen kann sich bis auf die Fußoberseite ziehen. Interessanterweise verhält sich ihre Reflexzone analog zum korrespondierenden Organ: Je größer die Schilddrüse ausgebildet ist, desto weiter scheint sich auch das Reflexfeld auf den Vorfußrücken nach hinten zu erstrecken. Die Lymphzonen sollten Sie bei jeder Behandlung ausgiebig berücksichtigen.

Der Schultergürtel

Schilddrüse, Hals (13); Schultergelenk (33); Rippen (50); Brustdrüsen (51); Schultergürtel (52); Brustbein (54)

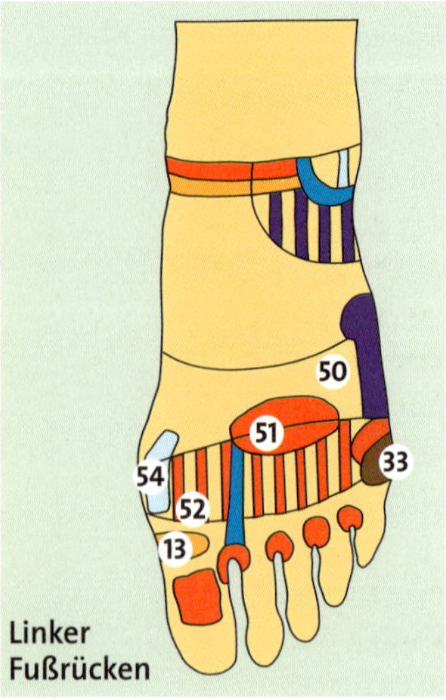

Linker Fußrücken

Da Verspannungen in der Region des Schultergürtels aufgrund unserer sitzenden Lebensweise sehr häufig sind, macht eine Massage der Reflexzone für den Schultergürtel immer Sinn, und sei sie auch nur vorbeugend.

Die Trennlinie zwischen Vor- und Mittelfuß liegt auf der Zehengrundgelenkebene. Ebenso, wie die Schultern sich in der äußersten Zone des Körpers befinden, befinden sich die ihnen entsprechenden Reflexzonen an den Fußaußenseiten: auf der Kleinzehenballenseite. Diese das Gelenk beeinflussenden Schulterzonen werden mit dem Zangengriff massiert.

Wo aber liegt die Reflexzone für den Schultergürtel? Anatomisch betrachtet zieht sich der Schultergürtel quer durch den ganzen Körper mit dem Brustbein als Mittelachse. Also muss sich die ihm zugehörige Reflexzone über beide Füße hinziehen. Wollen Sie den linken Schultergürtel und Schulterbereich therapieren, massieren Sie folglich von der Innenkante des Fußballens, wo die Zone des Brustbeins verläuft, über den ganzen Vorfußrücken bis zum Kleinzehenballen. Energetisch beeinflussen Sie dadurch insbesondere den vorderen Anteil des Schultermuskels.

Die Rippenzonen auf der Fußrückseite

Die Rippenreflexzonen finden sich unterhalb der Schultergürtelzone. Auch sie spannen sich über die ganze Breite des Fußrückens und ziehen sich bis zum Ende der Mittelfußknochen. Jede Verspannung des Brustkorbs und der Rippen wird auf den Zonen des Fußrückens, an der Fußinnenkante wie an der Fußaußenkante gelockert. Arbeiten Sie mit leichtem Druck bei der Massage, da auf dem Fußrücken nur wenige Polster die empfindliche Knochenhaut der Fußmittelknochen schützen.

Die Massage der Reflexpunkte für die Brustdrüsen ist insbesondere während der Stillzeit sehr hilfreich.

Massage der Brustdrüsen

Innerhalb der Rippenreflexzone liegt im Bereich des zweiten und dritten Zonenstrahls, zwischen der ersten und zweiten Trennlinie von Vor- und Mittelfuß, die Zone der Brustdrüsen.
Die Brustdrüsen bestehen aus Drüsengewebe, Drüsengängen und Fettgewebe. Sie können sich insbesondere bei Frauen leicht entzünden (z. B. beim Stillen), sie können Zysten bilden oder von Tumoren besiedelt werden. Eine Massage der Reflexzone der Brustdrüsen sollte daher prophylaktisch täglich durchgeführt werden. Aber auch hier ist Vorsicht geboten: Über diesen Teil des Fußrückens laufen die den Fuß stützenden Sehnen direkt unter der Hautoberfläche. Sie dürfen durch die kreisenden Bewegungen nicht beeinträchtigt werden. Verzichten Sie auf jeglichen tieferen Druck.

Der Gallenblasenpunkt

Die Reflexzone der Gallenblase lässt sich sowohl von der Fußsohle als auch vom Fußrücken her beeinflussen.

Luftröhre, Speiseröhre, Bronchien (15); Schultergelenk (33); Oberarm (40); Ellenbogen (41); Gallenblase (49)

Die Gallenblase ist ein Speicherorgan, das im Körper unterhalb der Leber, rechts neben dem Magen liegt. Sie ist mit der Leber durch den kleinen Gallengang verbunden und sammelt die von den Leberzellen produzierte Galle, um sie im Bedarfsfall, d.h. bei der Verdauung fetthaltiger Speisen, in den Dünndarm auszuschütten. Mit ihm ist sie durch den großen Gallenblasengang verbunden. Fettreiche einseitige Ernährung begünstigt die Entstehung von Gallensteinen. Diese machen sich jedoch oft nur dann schmerzhaft bemerkbar, wenn sie den großen Gallengang verstopfen und dadurch den Abfluss der Galle in den Dünndarm verhindern. Neben der intensiven Behandlung der Gallenblasenreflexzone wirkt eine Ernährungsumstellung vorbeugend: Verzichten Sie auf Fettes, Kaffee, Kohl und Hülsenfrüchte.

Die Gallenblasenzone tasten Sie an der Fußsohle gleich über der zweiten Querlinie, auf dem Strahl zwischen drittem und viertem Mittelfußknochen. Auf dem Fußrücken liegt sie an der Kleinzehenseite, zwischen dem vierten und fünften Strahl, unterhalb der Brustdrüsenzone. Die Gallenblase befindet sich in der rechten Körperhälfte, ihre Zone ist nur am rechten Fuß zu ertasten.

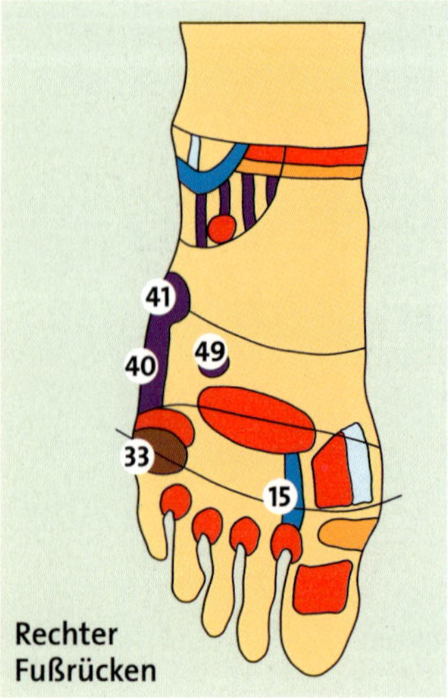

Rechter Fußrücken

Bronchien, Luft- und Speiseröhre

Die Bronchien, die die Atemluft erwärmen und sie bis in die feinen Lungenbläschen weiterleiten, haben Sie bereits in Lektion 2 (siehe Seite 45) behandelt. Auch ihre Reflexzone lässt sich nicht nur auf der Fußsohle, sondern auch auf dem

Fußrücken tasten: Sie verläuft vom Zwischenraum zwischen großer und zweiter Zehe fußaufwärts bis zur Mitte des ersten und zweiten Mittelfußknochens. Bei Bronchitis und Asthma bringt eine Massage dieser schmalen Zone Erleichterung. Da die Speiseröhre hinter der Luftröhre verläuft, liegen die Reflexzonen beider Organe übereinander. Sind Ablagerungen in dieser Zone zu tasten, sollten Sie fragen:

- Ob Ihr Patient häufig Sodbrennen verspürt
- Ob er beim Essen unter Schuckbeschwerden leidet
- Ob sich Fremdkörpergefühle im Hals zeigen

In diesen Fällen ist die Speiseröhrenwand geschwächt, verengt oder ausgebuchtet. Zur genauen Diagnose sollte Ihr Patient baldmöglichst einen Facharzt aufsuchen.

Berücksichtigen Sie bei der Behandlung stets beide Füße, selbst wenn die Reflexzone nur an einem Fuß mit Schmerzen reagiert.

Die Arme

Eine reflexologische Besonderheit auf der Vorfußrückseite stellt die Zone der Arme dar. Sie liegt anders, als man es nach einem Blick auf unsere Anatomie vermuten würde: Vom Schultergelenkspunkt auf dem Ballen der kleinen Zehe zieht sie sich senkrecht, direkt unterhalb des Kleinzehengrundgelenks über die gesamte Außenseite des Mittelfußes bis zum Punkt, wo Würfelbein und fünfter Mittelfußknochen sich treffen. Dieser Punkt ist als knöcherner Vorsprung leicht zu tasten.

Wegen der oberflächlichen Sehnenverläufe muss dieser Bereich behutsam behandelt werden. Hilfreich ist die Massage dieser Reflexzone bei rheumatischen und entzündlichen Erkrankungen sowie nach mechanischen Verletzungen (Brüchen).

Schultergelenk (33); Oberarm (40); Ellenbogen (41); Gallenblase (49)

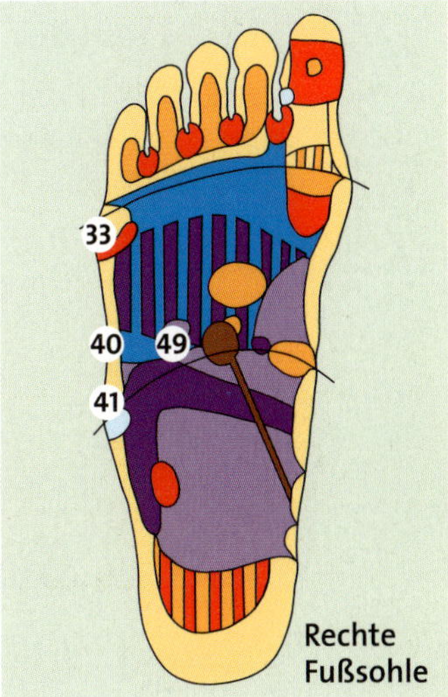

Der Ellenbogen

Häufigste Ursachen eines Tennisellenbogens sind monotone Bewegungen wie dauerndes Arbeiten am Computer oder gleichförmige Handwerksarbeiten.

Das Ellenbogengelenk verbindet die Knochen des Unterarms, Elle und Speiche, mit dem Oberarmknochen. Es wird häufig durch intensiv betriebenen Sport wie Tennis, Squash oder Badminton überlastet. Aber auch Schreibmaschineschreiben, Stricken oder das Hantieren mit der mechanischen Heckenschere kann Elle und Speiche extrem beanspruchen.

Wenn der Ellenbogennerv entzündet ist oder Knorpel und Knochen Abnützungserscheinungen zeigen, reagiert prompt die Ellenbogenzone, die innerhalb der Armzone liegt: Sollten Sie durch die Massage der Armzone unterhalb der dritten Zehe Druckschmerzen auslösen, dann liegt eine Erkrankung des Ellenbogengelenks, z. B. ein Tennisellenbogen, vor.

Die Fußinnenseite

Halswirbelsäule (11); Brustwirbelsäule (17); Lendenwirbelsäule (23)

Fußinnenseite

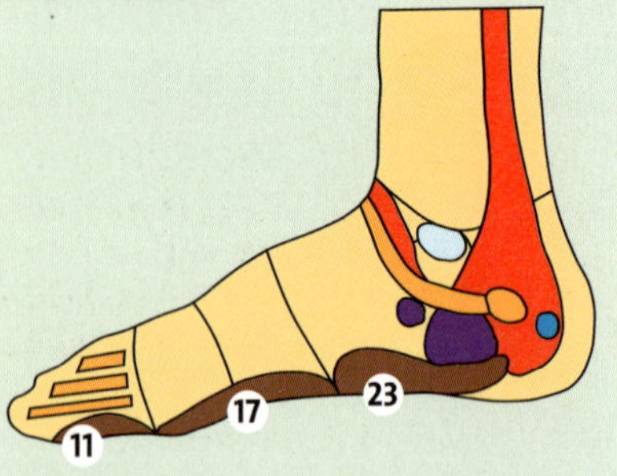

Auf der Innenseite beider Füße finden Sie auch vom Fußrücken aus die Reflexzone der Wirbelsäule (siehe auch Seite 49). Sie zieht sich seitlich der Spitze der großen Zehe zum Grundgelenk (Halswirbelsäule) und von dort aus die Wölbung des Fußes entlang (Brustwirbelsäule). Am höchsten Punkt des Gewölbes, am Kahnbein, beginnt diejenige Zone, die die Lendenwirbelsäule energetisch beeinflusst. Sie zieht sich unterhalb des Fußinnenknöchels bis zum Fersenbein. Auch diese Zone ist häufig gestört: Wegen unserer einseitigen, sitzenden, unbeweglichen Lebensweise ist die Lendenwirbelsäule oft verspannt.

Hüfte und Hüftgelenk

An der Fußaußenkante finden Sie, wenn Sie unterhalb der Schultergelenkszone dem Knochenverlauf folgen, einen hervorstehenden Knochen. Es handelt sich um die Basis des fünften Mittelfußknochens. In den meisten Fällen ist dieser Knochenvorsprung auch optisch deutlich zu erkennen. An diesem Knochen liegt die Reflexzone für die Hüfte bzw. das Hüftgelenk.

Es ist angeraten, sie häufig zu behandeln, wenn eine Ischialgie vorlag oder vorliegt. Auch in Fällen von Osteoporose oder Hüftgelenkarthrose hilft Ihnen eine ausgiebige Massage dieses Punkts.

Wie bei der darüber liegenden Schulterreflexzone behandeln Sie diesen Punkt am günstigsten mit dem Zangengriff, wobei Sie den Daumen gegen den Fußrücken, den Zeigefinger gegen die Fußsohle drücken. Mit der Stützhand halten Sie den Fuß gut an der Innenseite in Ballenhöhe.

Nach den bei älteren Menschen vielfach vorgenommenen Hüftoperationen dient eine Massage des Reflexgebiets der Hüfte zur Nachsorge.

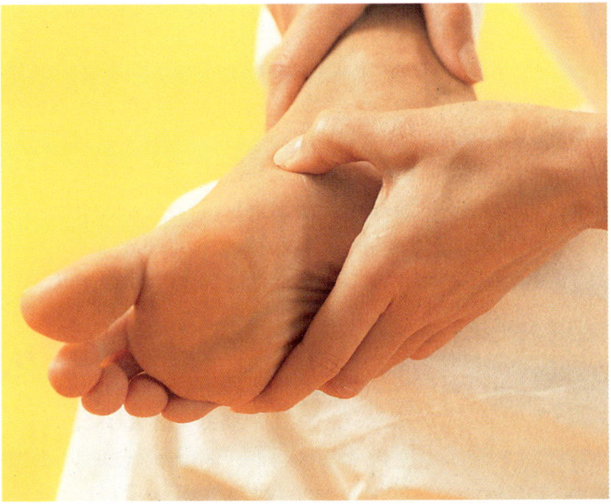

Die Reflexzone der Wirbelsäule verläuft auf der Innenseite beider Füße vom Ballen bis unter den inneren Fußknöchel.

Lektion 4 – der Mittelfuß

Wenn Sie die Zehen und den Vorfuß beidseitig massiert haben, sind sämtliche Reflexzonen der zweiten Querzone durchgearbeitet, und Sie haben Ihren Körper bzw. den Ihres Patienten vom Schultergürtel bis zum Rippenbogen energetisch beeinflusst. Nun konzentrieren Sie sich auf die dritte Querzone der Füße, die unterhalb der zweiten Querlinie liegt. Diese Querlinie entspricht dem unteren Rippenbogen (siehe Seite 10). Am Fuß verläuft sie genau zwischen dem unteren Ende der Mittelfußknochen und den drei Keilbeinknochen sowie dem Würfelbein (siehe Seite 18). In dem Bereich darunter bilden sich die Reflexzonen für Bauchraum und Beckenboden ab.

Zu den Harnorganen gehören Nieren, Harnleiter, Harnblase und Harnröhre. Deren jeweilige Reflexpunkte werden stets nacheinander massiert.

Prinzipiell gilt für die Massage der Reflexzonen folgende Regel: Diejenigen Organe, deren Funktionen sich gegenseitig beeinflussen, werden nacheinander behandelt. So arbeiten die Verdauungsorgane in wechselseitiger Abhängigkeit, d. h., die Erkrankung des einen Organs beeinträchtigt auch die folgenden Organe. Daher ist es angebracht, die Reflexpunkte des gesamten Verdauungsapparats in der richtigen Reihenfolge zu bearbeiten: Beginnen Sie mit der Zone der Mundhöhle, und arbeiten Sie sich über die Reflexzonen der Speiseröhre, des Magens, des Zwölffingerdarms, der Bauchspeicheldrüse und des Dünndarms. Sie enden mit der den Mastdarm darstellenden Zone (siehe Kasten Seite 65).

Nieren und Nebennieren

Die Nieren sind zwei ungefähr faustgroße Organe, die unterhalb des zweiten Lendenwirbels an der hinteren Wand der Bauchhöhle liegen. Die Nieren bestehen aus dem Nierengewebe, das sich unterteilt in eine Mark-

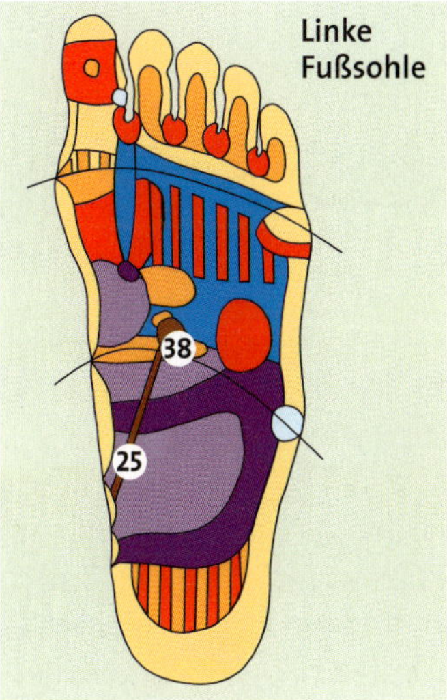

Harnleiter (25); Nieren (38)

zone und eine Rindenzone, und andererseits aus dem Nierenbecken. Im Nierengewebe wird der Harn gebildet und über Papillen ins Nierenbecken geleitet. Von dort aus fließt er durch den Harnleiter zur Blase. Die Nieren bilden ein wichtiges Ausscheidungsorgan: Sie regulieren den Salzhaushalt des Körpers. Indem sie den Harn bilden und zur Ausscheidung weiterleiten, steuern sie den Flüssigkeitshaushalt unseres Organismus. Außerdem reinigen sie den Körper von Giftstoffen und von Stoffwechselschlacken.

Unbemerkte Fehlfunktionen

Die Behandlung der Reflexzonenpunkte der Nieren ist deshalb eminent wichtig, weil die Nieren häufig gestört sind, ohne dass der Betreffende dies spürt. Alte Entzündungen der Harnwege oder chronische Nierenbeckenentzündungen machen sich erst spät bemerkbar. Der Nierenpunkt sitzt in der Mitte des Fußgewölbes zwischen dem zweiten und dritten Mittelfußknochen. Um ihn zu ertasten, orientieren Sie sich am Reflexzonenpunkt des Sonnengeflechts. Bewegen Sie Ihren massierenden Daumen etwa daumenkuppenbreit vom Sonnengeflechtspunkt in Richtung Ferse. Da Sie über diesen Punkt auch immer die Nebennieren mitbehandeln, können Sie Einfluss auf Allergien, Entzündungen und Stress nehmen.

In den Nieren werden auch die zur Bildung roter Blutkörperchen notwendigen Hormone gebildet.

Im Stress nämlich sind häufig die Nebennieren überaktiv, denn sie haben nichts mit der Urinbildung, sondern sehr viel mit der Bildung von Hormonen zu tun. Sie tragen ihren Namen nur, weil sie auf dem oberen Pol der Nieren aufsitzen. In ihrer Rinde produzieren sie

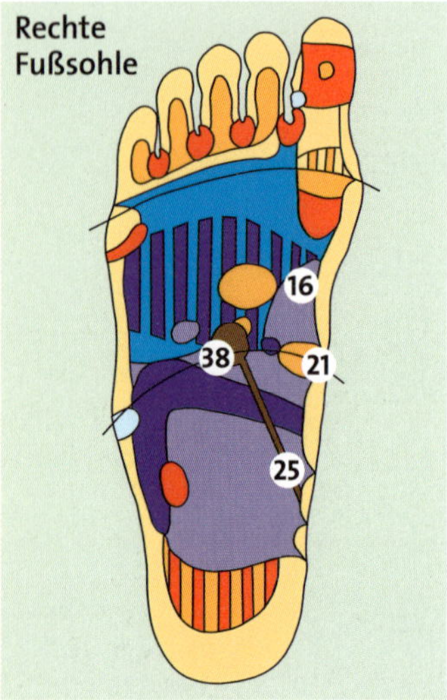

Magen (16); Bauchspeicheldrüse (21); Harnleiter (25); Nieren (38)

über 40 Steroide, u. a. wichtige Sexualhormone, in ihrem Mark stellen sie Adrenalin, Noradrenalin und Dopamin – Stoffe, die u. a. die Pulsfrequenz und den Blutdruck beeinflussen – her.

Harnleiter und Blase

Von den Nieren aus fließt der Harn über die beiden Harnleiter zur Blase. Die Harnleiter beschleunigen durch rhythmische Kontraktionen diesen Abfluss. Eine Besonderheit bildet seine Reflexzone: Sie zieht sich vom Nierenpunkt diagonal wie ein schmaler Strich zur Fußinnenseite und endet oberhalb der Ferse. An sie schließt sich an der Fußinnenseite die Reflexzone der Blase an. Bei chronischen Nieren- und Blasenleiden kann vor allem das den Fußinnenkanten nahe Stück druckempfindlich sein.

Die Bauchspeicheldrüse

Die Bauchspeicheldrüse ist unser wichtigstes Verdauungsorgan, denn der von ihr produzierte Verdauungssaft spaltet Fette, Eiweiße und Kohlenhydrate auf. Der Darm kann diese Grundstoffe unserer Nahrung nur aufgespalten überhaupt verdauen.

Die Bauchspeicheldrüse bildet täglich ca. 1,5 Liter enzymreichen Verdauungssaft.

Die Reflexzone der Bauchspeicheldrüse liegt an der Innenseite des Mittelfußes zwischen der Basis des ersten Mittelfußknochens und des ersten Keilbeins, also genau auf der zweiten Querlinie. Auf der linken Fußsohle wird sie zum Teil (wie es ihrer Lage in unserem Körper entspricht) von der Zone des Magens überlappt. Auf der rechten Fußsohle liegt sie unterhalb des Reflexpunkts für den Magenausgang.

Der Darmbereich

Der Bereich unterhalb der Nierenpunkte bis zur Ferse gehört zur großen Reflexzone des Darms. Man unterscheidet dabei zunächst zwischen Zwölffingerdarm, restlichem Dünndarm und Dickdarm und ihren Reflexzonen. In den Zwölffingerdarm münden der Gallengang und der Ausgang der Bauchspeicheldrüse. Der Zwölffingerdarm zieht sich um die Bauchspeicheldrüse herum. Ebenso zieht sich auch kreisförmig seine Reflexzone um die Zone der Bauchspeicheldrüse.

Der Dünndarm

Der Dünndarm liegt in vielen Windungen und Schlingen in unserer Unterbauchmitte. Er bildet mit einer Länge von sechs bis sieben Metern den Hauptteil des Darms. Die im Zwölffingerdarm (= erster Dünndarmabschnitt) begonnene Aufspaltung der Nahrung wird in ihm fortgesetzt. Der Dünndarm saugt mit Hilfe unzähliger Darmzotten die Nährstoffe aus dem Darminhalt und führt sie über die Blut- und Lymphgefäße seiner Wand der Leber und dem Lymphsystem zu. Auf der Innenseite des Fußes, in Höhe von Kahnbein und Sprungbein beginnt seine Reflexzone. Sie zieht sich am rechten wie am linken Fuß bis zu Würfelbein und Fersenbein.

Mageneingang (18); Magen und Leber (Bezugszone) (19); Bauchspeicheldrüse (21); Zwölffingerdarm (22); Querliegender Dickdarm (24); Dünndarm (27); Mastdarm (29); Nieren (38); Milz (39)

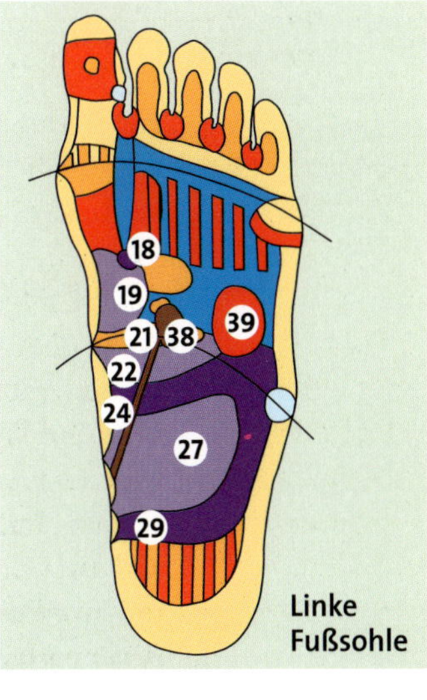

Der Dickdarm

Der Dickdarm hat seinen Namen von seiner Funktion: Er dickt den flüssigen Darminhalt ein. Beinahe hufeisenförmig liegt er im Bauch: Beginnend in der rech-

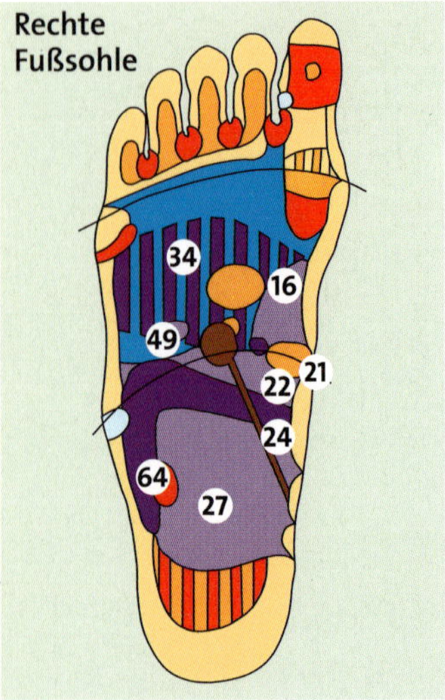

Magen (16); Bauchspeicheldrüse (21); Zwölffingerdarm (22); querliegender Dickdarm (24); Dünndarm (27); Leber (34); Gallenblase (49); Wurmfortsatz (64)

ten Leiste, zieht er sich erst nach oben zur Leber, dann verläuft er unterhalb des Magens quer durch den Bauch hinüber zur linken Körperseite. Von dort legt er sich in einer Kurve zur linken Leiste, um dann als Enddarm zum After in der Körpermitte zu laufen.

Anders als der Dünndarm produziert der Dickdarm in seinen Schleimhautdrüsen keine Verdauungsflüssigkeit mehr. Die Weiterverdauung des Nahrungsbreis und seine Eindickung besorgen Milliarden von in ihm angesiedelten Bakterien, die so genannte Darmflora.

Sie finden Dickdarmzonen am Außenrand des rechten Fußes, kurz vor der Ferse. Von dort aus läuft die Reflexzone hoch zum Mittelfuß (Bauchgrenze), um dann weiter zur Fußinnenkante zu laufen. Im weiteren Verlauf zieht sich die Darmreflexzone dann von der Innenfußkante des linken Fußes zu dessen Außenkante, um sich anschließend hinunter zur linken Ferse zu wenden. Daraufhin macht sie, analog zum Darmverlauf, nochmals einen Knick zur Innenkante des linken Fußes.

»Blinddarm«

Nicht übersehen dürfen Sie eine Stelle der Dickdarmzone des rechten Fußes, die etwa mittig zwischen Fersenbein und Würfelbein liegt, einen Daumen breit von der Fußaußenkante entfernt. Dieser Reflexpunkt entspricht dem Wurmfortsatz (»Blinddarm«) und liegt sehr tief. Bei Schmerzen im rechten Unterbauch sollten Sie diesen Punkt testen. Er reagiert bei Blinddarmreizung druckempfindlich, ist aber nicht immer zu spüren.

Massage des Verdauungstrakts

Die Erkrankung eines Verdauungsorgans beeinträchtigt die Arbeit aller folgenden Organe. Bearbeiten Sie daher die Reflexpunkte des gesamten Verdauungsapparats in der richtigen Reihenfolge:

- Die Zone des Magens massieren Sie an beiden Fußinneseiten ca. einen Daumen breit unter dem Ballen.
- Den Zwölffingerdarm beeinflussen Sie an der rechten Fußsohle durch Druck auf den Punkt unterhalb der Magenzone im Bereich des dritten Strahls.
- Die Bauchspeicheldrüsenzone liegt an derselben Stelle und ist besser tastbar auf dem linken Fuß.
- Leber und Gallenblase behandeln Sie auf dem rechten Fuß unterhalb der Auftrittsfläche des Zehenballens auf dem dritten bis fünften Strahl. Sie wird mit kräftigem, in die Tiefe gehendem Druck massiert.
- Die Zone der Milz finden Sie nur an der linken Fußsohle an der Basis des äußersten Mittelfußknochens.
- Die Zone des Dünndarms ist eine kreisförmige Fläche mit ca. drei Zentimeter Durchmesser oberhalb der Fersenauftrittsfläche zwischen zweiten und viertem Strahl. Sie ist auf beiden Füßen lokalisiert.
- Den Dickdarm massieren Sie beginnend an der Außenseite des rechten Fußes, mit dem rechten Daumen aufsteigend bis oberhalb der Fersenauftrittsfläche. Mit quer gestelltem Daumen massieren Sie bis zur Fußinnenseite. Sie arbeiten an der Fußinnenseite des linken Fußes mit dem Daumen der linken Hand weiter bis zur Außenseite des linken Fußes. Dann massieren Sie kreisförmig langsam nach unten.
- Enden Sie mit den Reflexzonen des Mastdarms: Massieren Sie den linken und den rechten Fuß jeweils an den Innenkanten der Fersenauftrittsfläche nach unten.

Behandeln Sie vor der Reflexzonenmassage des Verdauungstrakts immer die Zonen der Mundhöhle, des Rachens und der Speiseröhre.

Lektion 5 – die Ferse

Auf der Ferse liegt im Normalfall das meiste Körpergewicht. Die Fersenauftrittsfläche ist folglich aus derart kräftigem Gewebe, dass es von Ihnen schon eines ganz erheblichen Drucks bedarf, um sie zu bearbeiten. Massieren Sie sie mit langsam ansteigendem Druck, und achten Sie darauf, auch unter der Fersenhornhaut die Beschaffenheit des Unterhautgewebes Punkt für Punkt zu ertasten. Steigern Sie die Stärke und die Dauer des Drucks langsam und kontinuierlich. Halten Sie eventuell dabei entstehende Schmerzen unter Kontrolle, d. h., überschreiten Sie die Schmerzgrenze nicht, vermeiden Sie sie jedoch auch nicht. Ist der größtmögliche Tiefendruck erreicht, reduzieren Sie langsam den Druck, und nehmen Sie ihn mehr und mehr zurück. So erreichen Sie ein Anschwellen und Abschwellen des Massagegrundgriffs und üben damit die optimale Wirkung auf die Reflexzonen aus.

Massieren Sie prinzipiell mit anschwellendem und wieder abschwellendem Druck. Sie erreichen so die besten Ergebnisse.

Innen- und Außenseite der Fersen

Die Reflexzonenarbeit an den Fußsohlen ist mit der Behandlung der Fersenauftrittsfläche abgeschlossen worden. Es fehlen für die Vervollständigung der Massage lediglich noch die Innenkanten und Außenkanten der Ferse.

Anatomisch gesehen müssten auf der Fersenauftrittsfläche neben den Reflexzonen für Dünndarm und Dickdarm ebenfalls die Zonen für die Geschlechts- und Fortpflanzungsorgane liegen: Eierstöcke, Eileiter und Gebärmutter bei Frauen, bei Männern Samenblase, Samenleiter und Prostata. Diese Zonen der Unterleibsorgane befinden sich jedoch auf der Ferseninnen- und -außenseite.

Prostata und Hoden

Bereits die Zone der Harnblase liegt auf der Innenkante der Ferse, an der Innenseite des Fersenbeins (siehe Seite 62). Sie ist bei Frauen häufig gestört, denn die Harnröhre, über die der Urin ausgeschieden wird, ist bei Frauen nur wenige Zentimeter lang und wird daher gern von Keimen und Bakterien befallen. Kurieren Sie eine Harnröhrenentzündung gründlich aus, damit die Krankheitserreger nicht in die Blase aufsteigen.

Direkt über der Reflexzone der Blasenregion liegt beim Mann die Zone für Prostata und Hoden. Die Prostata oder Vorsteherdrüse ist ein kastaniengroßes Organ, das den oberen Teil der Harnröhre umgibt. Sie ist aus 30 bis 40 Drüsen aufgebaut, die von Bindegewebe und glatter Muskulatur umgeben werden. Ihre Aufgaben sind die Produktion des männlichen Sexualhormons Testosteron, sowie die Herstellung von Androgenen und Östrogenen. Die Prostata sondert zudem ein dünnflüssiges, milchiges Sekret ab, das bei Ejakulation bewegungsauslösend auf die Spermien wirkt.

In den Hoden, den männlichen Keimdrüsen, die aus ca. 250 Hodenläppchen und ein bis vier Hodenkanälen bestehen, werden die Spermien produziert.

Die Reflexzone des Harnleiters mündet in die Zone der Blasenregion ein, nachdem sie sich vom Nierenreflexpunkt diagonal nach unten zur Fußinnenseite gezogen hat.

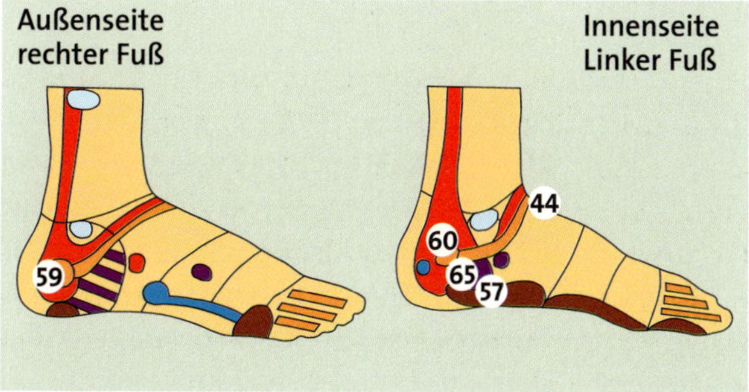

Eierstöcke, Hoden (Bezugszone) (59); Eileiter (44); Blase (57); Prostata/Gebärmutter (60); männliche und weibliche Genitalien (65)

Die Gebärmutter

Bei Frauen befindet sich die Reflexzone für die Gebärmutter an derselben Stelle wie die Reflexzone der Prostata und der Hoden bei Männern: innen an der Seitenfläche des Fersenbeins, hinter dem Innenknöchel.

Die Gebärmutter (Uterus) ist ein birnenförmiges, äußerst muskulöses, sieben bis neun Zentimeter langes Organ, das regelmäßig zell- und gefäßreiches Schleimhautgewebe herstellt und wieder abstößt (Menstruationszyklus). Bei einer Schwangerschaft dient dieses Schleimhautgewebe zur Einnistung der befruchteten Eizelle und zum Heranwachsen des Embryos.

Lymphknoten, Leiste (43); Leistenkanal, Eileiter (44); Bauchdecke (48); Eierstöcke, Hoden (Bezugszone) (59); Gebärmutter, Prostata, Hoden (60); Genitalien (65)

Durch Entzündungen, Zyklusstörungen, gutartige Gewächse, durch Zysten oder Tumoren kann es zu Schmerzen kommen, wenn Sie mit der ganzen Daumenkuppe großflächig über die Reflexzone hinter dem Innenknöchel kreisen. In diesem Fall suchen Sie bitte umgehend einen Gynäkologen auf. In anderen Fällen wirkt die Massage dieses Punkts, wie auch die Massage der Reflexzone von Eierstöcken und Eileitern, vorbeugend gegen Zyklusschmerzen und ausgleichend bei hormonellen Störungen.

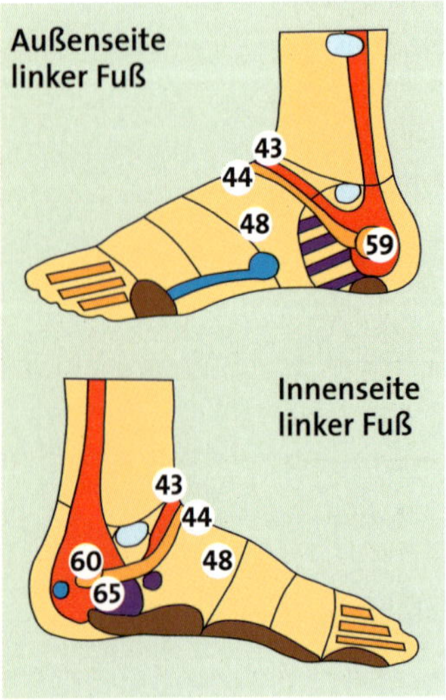

Die Eierstöcke

Die Eierstöcke (Ovarien) sind zwei pflaumengroße Organe, die aus einer Rindenschicht und einer zentralen Markschicht bestehen. In der Rindenschicht produzieren sie die kugeligen bis erbsengroßen befruchtungsfähigen weiblichen Eizellen (Follikel), im Mark bilden sie die Hormone Östrogen und Progesteron.

Eine kreisförmige Zone an der Außenseite der Ferse, hinten unterhalb des Außenknöchels, ist die die Eierstöcke beeinflussende Reflexzone. Sie reagiert druckempfindlich bei entzündlichen Erkrankungen, wenn der Hormonspiegel aus dem Gleichgewicht geraten ist oder wenn sich Zysten bzw. Tumoren an den Eierstöcken gebildet haben.

Die Reflexzone unterhalb des hinteren Außenknöchels beeinflusst beim Mann indirekt die Hoden, bei der Frau direkt die Eierstöcke.

Der Leistenkanal

Von der Ferseninnenseite oberhalb des Sprungbeins über den Spann zur Fußaußenkante, wo die Zone für Hoden und Eierstöcke liegt, läuft der so genannte Leistenkanal. Er repräsentiert die Eileiter, die dem Transport der Eizelle dienen, denn sie verbinden die Eierstöcke mit der Gebärmutter.

In den Unterleibszonen an Ferseninnen- und Fersenaußenseite finden sich oft Stellen, die auf Druck schmerzhaft reagieren, außerdem Verquellungen oder gar Stauungen. Letztere zeigen Störungen der Zirkulation an: Bei eingeschränkter Blutzirkulation im Becken stauen sich die Adern manchmal bis in den Fuß zurück. Eine regelmäßige Reflexzonenmassage dieser Punkte bringt grundlegende Erleichterung.

Die richtige Massage

An den Innen- und Außenseiten der Ferse empfiehlt sich eine etwas andere Strichtechnik als der auf Tiefe zielende kreisende Druck. Hier sollte der Daumendruck nicht punktuell, sondern eher zirkulierend oder lemniskatenförmig sein, also einer auf der Seite liegenden Acht entsprechen. Nach dem Bearbeiten der Unterleibszone fahren Sie mit dem Daumen noch etwa fünf Zentimeter den Unterschenkel empor. Diese Zonen entsprechen den Beinen.

Massage der Drüsen

Mit der Massage der Drüsen- und Lymphzonen schließen Sie Ihre Behandlung ab. Massieren Sie der Reihe nach an beiden Füßen die Zonen der Drüsen:

- Hirnanhangsdrüse – die Reflexzonen liegen auf den Fußsohlen beider Füße etwa in der Mitte des obersten Knochens der großen Zehe.
- Schilddrüse – Sie lokalisieren sie zwischen dem zweiten Zehenglied der großen Zehe und dem Mittelfußknochen auf dem ersten und zweiten Strahl. Massieren Sie diese Zone sowohl auf der Sohle wie auf dem Fußrücken, da beide Reflexpunkte auf die Drüse wirken.
- Nebennieren – Sie finden die Zonen der Nebennieren auf beiden Fußsohlen in der Mitte des Fußgewölbes zwischen dem zweiten und dritten Mittelfußknochen.
- Bauchspeicheldrüse – die Zonen dieser Drüse liegen an der Basis des Mittelfußknochens. Sie ziehen sich auf dem rechten Fuß von der Fußinnenseite bis zum ersten Strahl, auf dem linken Fuß von der Fußinnenseite bis zum dritten Strahl.
- Eileiter und Leistenkanal – die beeinflussenden Zonen ertasten Sie, wenn Sie oberhalb des Sprungbeins an der Fußinnenseite mit der Massage beginnen und sich quer über den Spann zur Fußaußenseite arbeiten, um von dort schräg nach unten zum Fersenbein laufend zu massieren.
- Gebärmutter, Vorsteherdrüse und Hoden – die Zonen dieser Geschlechtsorgane liegen anschließend an die Zone des Eileiters auf der Ferseninnenseite und decken sich mit der Zone der Blase.
- Eierstöcke und Hoden – Sie massieren sie im Anschluss an die Zone des Eileiters/Leistenkanals auf der Fersenaußenseite unterhalb des Knöchels.

Die Reflexzonen der Drüsen sind sowohl auf der Oberseite der Füße als auch auf der Innen- und Außenseite sowie den Fußsohlen zu finden.

Massage der Lymphzonen

Haben Sie die Massage der die Drüsen beeinflussenden Reflexzonen abgeschlossen, widmen Sie sich der Massage des Lymphsystems.
Dieses ist ein den ganzen Organismus durchziehendes Gefäßsystem, Teil des Abwehrsystems unseres Organismus. Es besteht aus Milz, Mandeln, Wurmfortsatz und Lymphbahnen sowie Lymphknoten. Auch hier gehen Sie in einer bestimmten Reihenfolge vor:

- Obere Lymphbahnen – massieren Sie als erstes an der Fußsohle die Zehenzwischenräume.
- Nasen-Rachen-Raum – die ihn betreffende Zone finden Sie auf der Oberseite der großen Zehen über dem ersten Zehengelenk.
- Achsellymphknoten – die Reflexzonen dafür liegen auf beiden Vorfüßen seitlich des Kleinzehengrundgelenks, sowohl auf der Fußsohle als auch auf dem Fußrücken.
- Milz – die Milz wird von der Fußsohle aus durch eine Zone an der Basis des vierten und fünften Mittelfußknochens stimuliert.
- Brustdrüsen – die Zone für die Brustdrüsen liegt auf dem Fußrücken im Zentrum des Mittelfußes auf dem zweiten bis vierten Mittelfußknochen.
- Wurmfortsatz (Appendix) – auch er wird zum Abwehrsystem des Körpers gezählt. Seine Reflexzone liegt auf dem Fußrücken zwischen dem dritten Keilbein und dem Würfelbein.
- Lymphknoten der Leiste – sie werden über eine Massage der Leistenbeuge beeinflusst: Beginnen Sie die Behandlung unterhalb des Sprungbeins an der Fußinnenseite, arbeiten Sie sich nach oben, über den Spann zur Fußaußenseite und zur Zone unterhalb des Knöchels.

Die Massage der Zonen des Lymphsystems fördert den Abbau und Abtransport von Giftstoffen und Schlacken aus dem Körper. Dieses steigert die Widerstandskräfte des Körpers.

Lektion 6 – die Gelenkzonen

Durch die Stimulation der Herz-Kreislauf-Zonen werden auch die Gelenke besser durchblutet und mit Nährstoffen versorgt.

Vielfach wird nach einer Massage der Drüsen- und Lymphreflexzonen noch eine Massage der Gelenkzonen des Körpers durchgeführt, da diese die mechanisch am schwersten belasteten Körperzonen darstellen. Sie werden am häufigsten verletzt, die sie umschließenden Bänder werden bei Sportunfällen gedehnt oder zerrissen, sie nützen sich schnell ab und sind anfällig für Gicht oder andere Erkrankungen des rheumatischen Formenkreises.

Erinnern Sie sich: Was in der Mitte des Körpers liegt, wird auf Reflexzonen an den Innenseiten der Füße beeinflusst, was in den Außenzonen des Körpers liegt, durch Zonen an den Außenkanten der Füße.

Die Wirbelsäule

Halswirbelsäule (11); Brustwirbelsäule (17); Lendenwirbelsäule (23); Steißbein (62); Kreuzbein (63); Symphyse (68)

Das gilt auch für die Wirbelsäule und ihre verschiedenen Abschnitte:

- Die Reflexzone der Halswirbelsäule beginnt bei der großen Zehe, etwa in Höhe des ersten Zehengelenks. Sie zieht sich Richtung Ferse.
- Der Übergang von der Halswirbelsäule zur Brustwirbelsäule, ein sehr empfindlicher Bereich, entspricht der Zone des Fußballens.

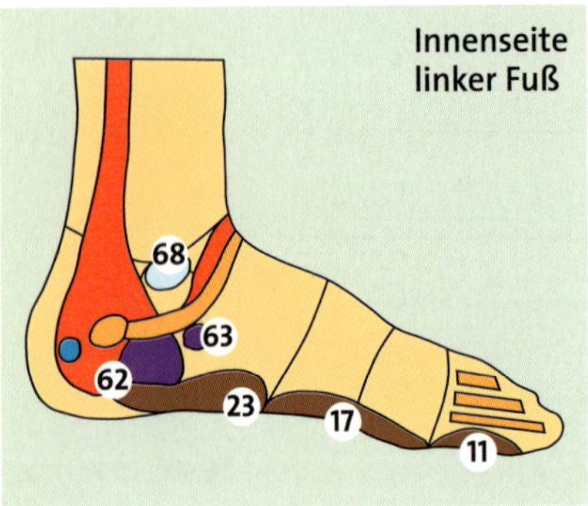

- Den Übergang von der Brustwirbelsäule zur Lendenwirbelsäule lokalisieren Sie an der Bauchlinie ziemlich genau in der Hälfte des Fußes.
- Jetzt brauchen Sie nur noch bis zum Fersenansatz hinunterzugehen, um auch die Zonen der

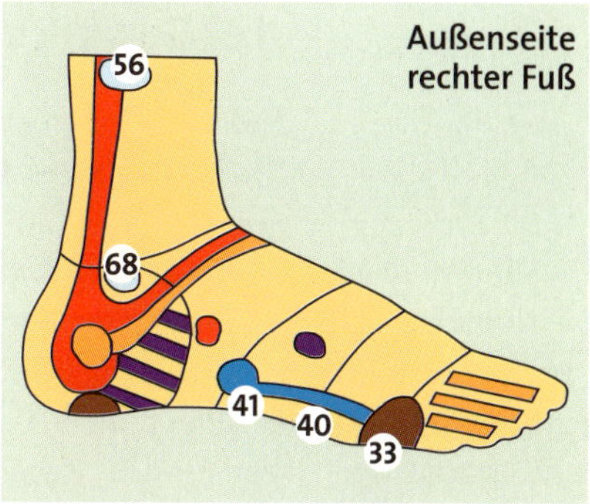

Kreuz- und Beckenknochen sowie das Steißbein zu erreichen. Diese gedachte Linie an der Innenkante des Fußes sollte zum Abschluss jeder Massage gut bearbeitet werden, denn die Wirbelsäule trägt nicht nur unseren Kopf, unseren Rumpf und die oberen Gliedmaßen, sondern sie bildet auch den Kanal für das Rückenmark, von dem aus die nervliche Versorgung unseres Körpers erfolgt. Sie ist also verantwortlich für das richtige Funktionieren des gesamten Nervenapparats.

Schultergelenk (33); Oberarm (40); Ellenbogen (41); Knie (56); Symphyse (68)

Schulter- und Armbereich

Anschließend an die Wirbelsäule sollten Sie die weiteren Gelenkzonen bearbeiten: Die Schulterreflexzone findet sich am Kleinzehengrundgelenk. Sie zieht sich etwa einen Daumen breit auf den Fußrücken hinauf. Am selben Gelenk beginnt auch die Armzone, die Oberarm und Ellenbogen umfasst. Sie zieht sich bis in die Mitte der Fußaußenkante, und ist besser auf der Fußrückseite tastbar. Die Räume zwischen den Fußknöcheln entsprechen auf der Fußrückseite den Rippenzonen.

Die Beckenzone liegt im Bereich des Unterschenkels; der Oberschenkelbezugspunkt verläuft an der roten Linie (siehe Grafik Seite 76 f.) den Unterschenkel nach oben entlang.

Die Beinregion

Die Oberschenkelzone finden Sie im Fersenbereich. Sie verläuft oberhalb des äußeren Fußknöchels in gerader Linie einige Zentimeter nach oben. Die Reflexpunkte für das Knie sind etwa eine Hand breit vom Fußknöchel entfernt. Auf der Innenseite des Fußes, genau gegenüber, befindet sich die Zone für Fleisch und Muskeln des Oberschenkels.

Lektion 7 – die Pause

Haben Sie die Disharmonien und die energetischen Blockaden Ihres Gegenübers aufgelöst, schließen Sie die Fußreflexzonenmassage wie folgt ab:

Die Pause ist von großer Bedeutung bei einer Fußreflexzonenmassage. Erst durch sie bekommt der Körper die Möglichkeit, die erhaltenen Reize zu verarbeiten und darauf zu reagieren.

- Streichen Sie beide Füße von den Zehen Richtung Ferse aus. Das stimuliert den Fluss der Lymphe in ihrem Kanalsystem. Es entspannt und beruhigt.
- Eine andere Form des Ausstreichens ist die der gegenläufigen Bewegung: Streichen Sie mit der einen Handfläche an der Fußinnenseite leicht von den Zehen Richtung Ferse und mit der anderen Hand an der Außenseite des Fußes von der Ferse Richtung Zehen. Auch diese Art des Ausstreichens wird von den Behandelten als entspannend und beruhigend empfunden.
- Erwärmen Sie schließlich Ihre Hände durch kräftiges Aneinanderreiben, und legen Sie Ihre Handflächen auf die Fußsohlen des Patienten. Diese Wärmeübertragung ist gleichzeitig eine Energieübertragung und steigert die Heilwirkung Ihrer Behandlung.
- Grundsätzlich sollten Sie nach der Massage nicht direkt aufspringen. Sie sollten sich selbst und Ihren Patienten zu einer etwa zehnminütigen Nachruhe anhalten. Dazu werden die Füße warm eingepackt, und eine Decke wird über den Körper gelegt. Erst nach dieser Ruhephase ist die Behandlung beendet, und erst danach sind Sie wieder für den Alltag und seine Hektik gewappnet.
- Die Dauer der Behandlung ist variabel: Für eine vollständige Behandlung der Reflexzonen am Fuß brauchen Sie etwa eine Stunde. Kürzere Teilbehandlungen bestimmter Zonen sind nur dann sinnvoll, wenn Sie ein gesamtes, voneinander abhängiges Organsystem in der anatomisch korrekten Reihenfolge massieren,

z. B. das Herz-Kreislauf-System. Unter 20 Minuten ist eine Anwendung nicht sinnvoll, da die Reize ihre Wirkung nur ungenügend entfalten können. Für ein Überschreiten der Dauer der Anwendung gilt: Wenn Sie die Zonen zu lange massieren, besteht die Gefahr einer Überreizung.

- Die Häufigkeit: Die Abstände zwischen zwei Sitzungen können ein bis sieben Tage betragen, je nach Fall. Bei schwierigen und akuten Problemen behandelt man täglich, bei eher chronischen Störungen zumeist ein- bis zweimal in der Woche.
- Halten Sie den Untersuchungsablauf ein: Betrachten Sie die Füße, und registrieren Sie alle auffallenden Besonderheiten, lockern und erwärmen Sie die Füße. Ertasten und massieren Sie die gestörten oder veränderten Zonen, streichen Sie beide Füße aus, und kontrollieren Sie in der folgenden Sitzung, ob sich die gestörten Zonen bereits verändert haben. Sichern Sie durch das Gespräch mit dem Patienten Ihren Tastbefund und die daraus resultierende Diagnose ab.

Die Regelmäßigkeit der Behandlung ist besonders bei chronischen Beschwerden ein wichtiger Faktor.

Nur eine mindestens zehnminütige Entspannung nach der Behandlung der Fußreflexzonen garantiert die optimale Wirkung.

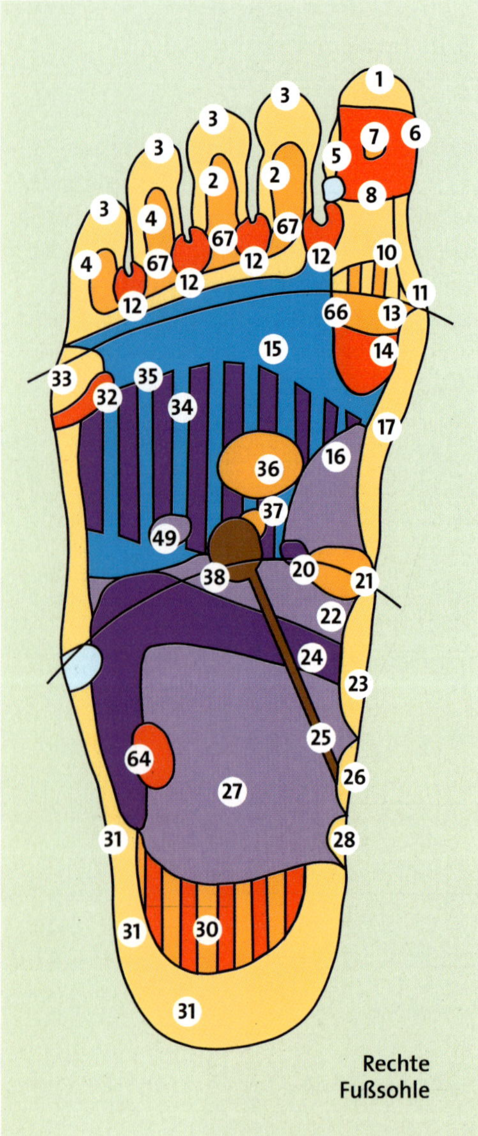

1 Schädeldach

2 Augen

3 Stirn- und Kieferhöhlen, Zähne

4 Ohr, Tonsillen (Mandeln), seitliche Lymphstränge

5 Schläfen, seitlicher Kiefer

6 Großhirn

7 Hypophyse (Hirnanhangsdrüse)

8 Kleinhirn

9 Schädelbasis

10 Nacken

11 Halswirbelsäule

12 Obere Lymphwege

13 Schilddrüse, Hals

14 Herz

15 Luft- und Speiseröhre, Bronchien

16 Magen

17 Brustwirbelsäule

18 Mageneingang

19 Magen, Leber (Bezugszone)

20 Magenausgang

21 Bauchspeicheldrüse

22 Zwölffingerdarm

23 Lendenwirbelsäule
24 Querliegender Dickdarm
25 Harnleiter
26 Kreuzbein
27 Dünndarm
28 Steißbein
29 Mastdarm
30 Beckenraum (Bezugszone)
31 Beckenraum
32 Lymphknoten
33 Schultergelenk
34 Leber
35 Lunge
36 Solarplexus, Zwerchfell
37 Nebennieren
38 Nieren
39 Milz
40 Oberarm
41 Ellenbogen
42 Unterer Rippenrand, Gürtellinie
49 Gallenblase
64 Wurmfortsatz
66 Thymusdrüse
67 Ohrtrompeten

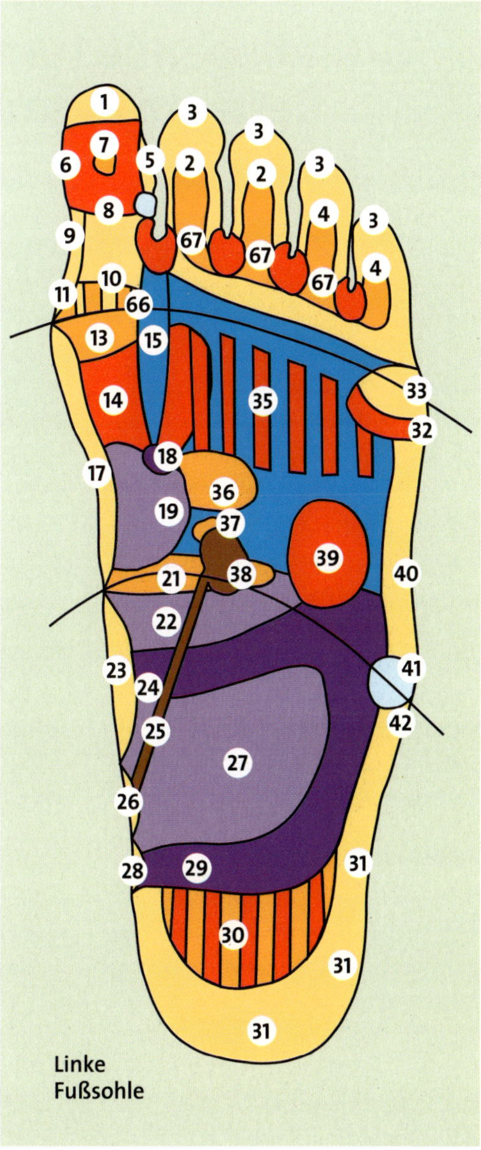

Grundlegende Handgriffe der Reflexzonenmassage

Bei akuten Schmerzen kann die Fußreflexzonenmassage Wunder wirken – aber sie sollte keinesfalls die einzige Behandlungsmethode darstellen. Betrachten Sie sie insbesondere als vorbeugende Selbstbehandlung: Wenden Sie sie an, um körperliche und geistige Spannungszustände abzubauen und den Energiefluss Ihres Körpers zu harmonisieren – so vermeiden Sie Krankheiten von vornherein.

Basisbewegung – die Welle

Aus der Mitte der Handfläche heraus übt der Daumen beim Raupengriff einen sich konstant mehr und mehr steigernden Druck in die Tiefe des Gewebes aus. Wenn er den höchsten Druck erreicht hat, verringert er langsam die Belastung. Dadurch entsteht eine anschwellende-abschwellende Massagebewegung. Der vollständige Kontakt des Daumens mit der behandelten Hautfläche bleibt dabei auch bei minimalem Druck immer erhalten.

Basisrichtung – der Kreis

Ob die kreisende Bewegung des Daumens mit oder gegen den Uhrzeigersinn verläuft, ist dabei irrelevant. Ebenso ist unwichtig, ob die Massage von oben nach unten oder umgekehrt erfolgt – wichtig ist nur, dass die einmal eingeschlagene Richtung konstant eingehalten wird.

Die Reflexzone wird in kleinsten Schritten, Zentimeter für Zentimeter, durchgearbeitet. Es schadet nicht, wenn umliegende Reflexzonen mit massiert werden, denn jede gestörte Reflexzone kann im Fall einer Krankheit ohnehin erweitert sein.

Der sedierende Griff

Der beruhigende oder sedierende Arbeitsgriff wird dann angewendet, wenn während der Massage Befindlichkeitsstörungen oder Schmerzen auftreten. Er besteht in einem konstanten Druck mit der Daumenkuppe und hat zunächst ein Anwachsen der Schmerzen zur Folge. Unter dem nicht nachlassenden Druck jedoch verflüchtigt sich der Schmerz, die akute Störung lässt nach. Der sedierende Griff kann von zehn Sekunden bis zu zwei Minuten dauern und im Bedarfsfall wiederholt werden.

Wann wird sediert?

Der sedierende Griff findet insbesondere Anwendung bei akuten Problemen wie Kopf-, Zahn- oder Ohrenschmerzen, bei prämenstruellen Schmerzen oder Verspannungen, außerdem bei Bandscheibenschäden, Hexenschuss oder Ischiasschmerzen. Er sollte nicht angewendet werden, wenn der Verdacht auf ernsthafte Erkrankungen vorliegt, wie z. B. im Fall einer Blinddarmentzündung. Auch sollte eine Linderung der Schmerzen durch diese Behandlung nicht mit einer Heilung verwechselt werden. Zwar werden durch den sedierenden Griff die Selbstheilungskräfte des Körpers stimuliert, aber es ist nicht gesichert, dass diese ausreichen, um eine tatsächliche Heilung herbeizuführen.

Das Abatmen des Schmerzes

Eine bewusste Atmung steigert den Energiefluss in unserem Körper und kann positiv auf Schmerzen einwirken. Die normale Reaktion auf Schmerz ist jedoch ein Luftanhalten und Verkrampfen. Vermeiden Sie dies unter allen Umständen. Während Sie mit der Daumenkuppe konstanten Druck auf die schmerzende Reflexzone ausüben, empfehlen Sie Ihrem Partner oder ermahnen sich selbst dazu, tief und gleichmäßig ein- und auszuatmen. Meist hilft dabei die Vorstellung, dass man die Atemluft zum schmerzenden Punkt hinschickt und den Schmerz mit der Ausatmung aus dem Körper befördert.

Akute Reaktionen

Dass die Fußreflexzonenmassage Schmerzen auslösen kann, ist bereits mehrfach geschildert worden. Daneben kann es während einer Behandlung auch am ganzen Körper zu Schweißausbrüchen kommen.

- Bricht Schweiß an umgrenzten Körperzonen aus, kann dies Hinweis darauf sein, dass die unter diesen Zonen liegenden Organe durch die Massage energetisch beeinflusst wurden.
- Verspürt der Massierte ein sich von den Gliedern her im Körper ausbreitendes Kältegefühl, so bedeutet dies, dass mit zu kräftigem Druck gearbeitet wurde. Setzen Sie die Behandlung aus, bis sich die Durchblutung des Patienten normalisiert hat, und fahren Sie dann mit leichterem Druck fort.
- In seltenen Fällen treten gefährliche Nebenwirkungen wie Muskelkrämpfe, unkontrollierbares Zittern oder Kreislaufversagen auf. Brechen Sie die Massage ab, und legen Sie sich hin, bzw. lassen Sie den Massierten ruhten, atmen Sie tief und ruhig, bis die Beschwerden abgeklungen sind.

Reflexzonenarbeit bei Beschwerden

Wenn Sie sich in die Fußreflexzonenmassage so weit eingearbeitet haben, dass Sie sich zutrauen, auch Ihren Partner, Freunde oder Fremde zu behandeln, gilt es, sich eine Grundregel zu vergegenwärtigen: Behalten Sie stets das Ganze im Auge, lassen Sie sich keinesfalls von einem einzelnen Symptom in die Irre leiten.

Grundsätzliches bei der Anwendung

In jedem Fall sollten Sie sich viel Zeit nehmen. Das hilft Ihnen und Ihrem Patienten gleichermaßen. Machen Sie sich klar, dass Ihr Patient Hilfe bei Ihnen sucht, handeln Sie also verantwortungsvoll. Seien Sie sich bewusst, dass Ihr Patient mit der Methode der Fußreflexzonenmassage vielleicht noch nicht vertraut ist. Klären Sie ihn über deren Wirkungsweise auf.

▶ Nehmen Sie die Informationen Ihrer Finger ernster als Ihr schulmedizinisches Wissen: Jede gestörte Zone, die Sie ertasten, sollten Sie auch behandeln – selbst wenn keine medizinische Meinung dafür spricht.

▶ Fügen Sie anderen keine Schmerzen zu.

▶ Stehen Sie Ihren eigenen Diagnosen kritisch gegenüber, denn die Ursachen jeder Erkrankung, selbst z. B. einer Augenerkrankung, können ganz woanders liegen.

▶ Es hat wenig Sinn und keinen Erfolg, sich auf die Reflexzonen offensichtlich erkrankter Stellen zu stürzen und in der Hoffnung auf Heilung darauf herumzukneten. Gewinnen Sie erst einmal einen Überblick über alle

Gewinnen Sie einen Überblick über den gesamten Fuß, und behandeln Sie immer den ganzen Fuß. Betrachten Sie dann den zweiten Fuß, und behandeln Sie auch ihn stets vollständig.

Fußzonen, indem Sie den Fuß gründlich anschauen und betasten. Dann können Sie alle Fußzonen einmal kurz durchkneten.

▶ Zuletzt nehmen Sie sich die Zone vor, die die Erkrankung energetisch beeinflusst. Dies bewahrt Sie vor falschen Schlüssen.

Selbstreinigung

Gehen Sie mit Bedacht vor. Dazu gehört auch, dass Sie Ihr Gegenüber nicht nur auf mögliche Reaktionen während der Massage (siehe Seite 79) aufmerksam machen, sondern darauf hinweisen, dass der Körper auch lange nach der Sitzung unerwartet reagieren kann.

Schlacken und Giftstoffe, die sich im Körpergewebe ablagern, beeinträchtigen die Körperabwehr und begünstigen so die Entstehung von Krankheiten.

▶ So kommt es nach der Reflexzonenmassage häufig zur gesteigerten Ausscheidung von Schlacken: Stuhl und Urin des Patienten sind verfärbt und riechen stark. Ursächlich dafür ist die Stimulation der Ausscheidungsorgane durch die Massage. Durch die Reflexzonenmassage verhelfen Sie dem Organismus zur besseren Selbstreinigung.

▶ Ebenso häufig sind nach der Massage Veränderungen der Haut und Schleimhäute zu beobachten, denn auch über die Haut werden Giftstoffe ausgeschieden.

▶ Vermehrte Schweißabsonderung, Ausschläge, Pickel oder Furunkel sind erste Anzeichen dieses Abbaus von Schlacken.

▶ Die Körpertemperatur kann ansteigen. Auch dies ist kein Krankheitszeichen, sondern es zeigt an, dass die Selbstheilung des Organismus eingesetzt hat.

▶ Ebenso können nach einer Reflexzonenmassage seelische Konflikte aufbrechen: Die Massage wirkt auch im geistig-seelischen Bereich reinigend.

Fragen Sie Ihren Patienten nach körperlichen Veränderungen zwischen den Behandlungssitzungen, und berücksichtigen Sie diese bei Ihrer nächsten Sitzung. Beruhigen Sie ihn, denn sobald die Selbstreinigungsprozesse abgeschlossen sind, normalisiert sich die Ausscheidung wieder, die Haut klärt sich, die Körpertemperatur pendelt sich ein, die Verschlechterung des Allgemeinbefindens findet ein Ende, und die seelische Unausgeglichenheit und Empfindlichkeit weicht einer Wachheit und Aufmerksamkeit für Konflikte und Problemstellungen.

Wenn der Körper vergiftet ist

Tatsächlich kann in manchen Fällen eine so genannte Toxinflut (Giftflut) auftreten – vor allem bei Menschen, die niemals vorher ernsthaft krank gewesen waren. So absurd es klingen mag, aber die kleinen Krankheiten haben auch eine Heilwirkung: Sie beseitigen Schlacken. Wenn dies nicht geschieht, speichert der Körper alle Giftstoffe, und es entsteht eine gefährliche Erkrankung, scheinbar aus dem Nichts.

Auch lange ausgeheilte Erkrankungen hinterlassen ihre Spuren in unserem Organismus.

Chronische Erkrankungen

Im Zug der Reflexzonenmassage können auch unerkannte chronische Krankheiten zutage treten: Entzündungen an Zahnwurzeln oder Mandeln werden akut, ein konstant erhöhter Blutdruck wird spürbar. Unterdrücken Sie diese Arbeit Ihres Organismus in keinem Fall. Sie ist Voraussetzung für die endgültige Heilung.

Frühere Erkrankungen

Beziehen Sie in Ihre Diagnose frühere Erkrankungen mit ein. Beispielsweise kann eine Augenerkrankung wie ein erhöhter Augeninnendruck die Folge einer Nebenhöhlenentzündung sein, welche die Lymphzirkulation der Augen behindert.

Augenerkrankungen

Die Augenzonen befinden sich auf der Fußunterseite der zweiten und dritten Zehe auf beiden Füßen.

Augen (2); Stirnhöhle, Kieferhöhle, Zähne (3); Ohr, Mandeln, seitliche Lymphstränge (4); Halswirbelsäule (11); obere Lymphwege (12)

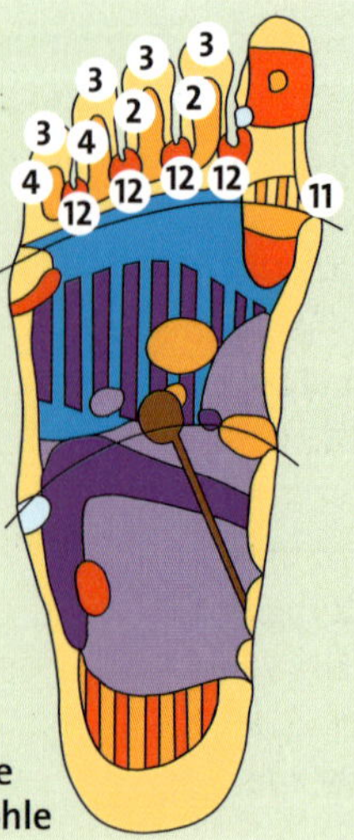

Rechte Fußsohle

Viele Augenbeschwerden sind der Fußreflexzonenmassage zugänglich, besonders die chronischen. Das Auge ist nämlich nicht nur ein isoliertes Sinnesorgan im Kopf oder ein biologischer Fotoapparat – es ist in den ganzen Körper eingebunden und wird von vielen Stellen aus beeinflusst. Natürlich darf bei Augenerkrankungen nicht einfach drauflos massiert werden. Besonders in Fällen, bei denen es zur Erblindung kommen kann – wie bei grünem Star –, ist das Vorgehen nur gemeinsam mit sehr erfahrenen Therapeuten möglich und sollte keinesfalls auf eigene Faust durchgeführt werden. Es ist immer ein Augenarzt zurate zu ziehen.

Wobei kann eine Massage helfen?

Bei den im Folgenden beschriebenen Augenerkrankungen ist eine Fußreflexzonenmassage lohnend. Sie kann begleitend zu einer ärztlichen Behandlung eingesetzt werden.

▶ **Kurzsichtigkeit:** Wenn Kurzsichtigkeit nicht angeboren, sondern durch Überanstrengung der Augen entstanden ist. Dies ist oft schon bei Schulkindern der Fall, die heutzutage leicht überfordert werden. Die Massage kann die Augenmuskulatur lockern und in manchen Fällen die Kurzsichtigkeit um einige Grade vermindern.

▶ **Weitsichtigkeit:** Wenn Sie beim Lesen und Nahsehen schnell ermüden oder auch mit ausgestreckten Armen die Zeitung nicht mehr lesen können, dann leiden Sie unter Weitsichtigkeit. D.h., Ihre Linsen haben an Elastizität verloren und

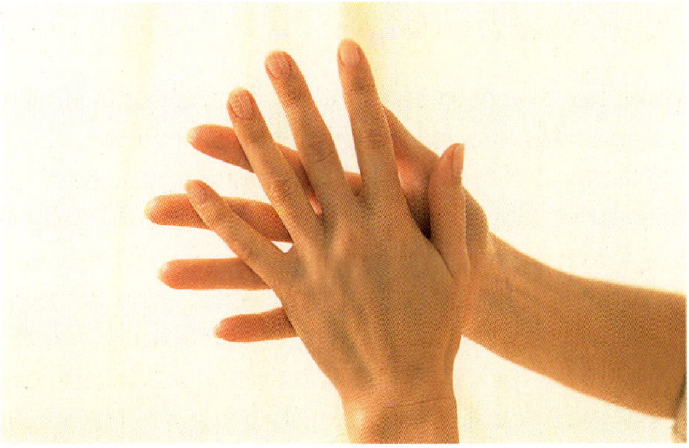

Die Berührung durch die eigene oder eine andere warme, sensible Hand birgt einen nicht zu unterschätzenden heilenden Effekt.

können ein bestehendes Missverhältnis zwischen Strahlenbrechung im Auge und Achsenlänge des Augapfels nicht mehr ausgleichen. Dieser Verlust an Flexibilität ist eine Alterserscheinung. Hier leistet die Fußreflexzonenmassage gute Dienste.

▶ **Grüner Star (Glaukom):** Glaukomerkrankungen beruhen auf einer Erhöhung des Augeninnendrucks, der entweder durch eine überhöhte Bildung von Kammerwasser oder durch die Blockade der Abflusskanäle des Kammerwassers entsteht. Die Fußreflexzonen können hier zur Medikamentenunterstützung massiert werden.

Vor dem fünften Lebensjahr sind Kinder leider nicht gut zu massieren, da sie oft zu ungeduldig sind.

▶ **Schielen bei Kindern:** Neben dem angeborenen Schielen gibt es auch ein durch seelische Konflikte verursachtes Schielen. Hier hilft Reflexzonenmassage, das Kind zu entspannen, ihm Vertrauen einzuflößen.

▶ **Chronisch allergische Bindehautentzündung:** Jede Form der Bindehautreizung ist der Fußreflexzonenmassage zugänglich. In diesem Fall fördert die Massage den Lymphabfluss und die Wirkung der Medikamente.

▶ **Regenbogenhautentzündung:** Die Fußreflexzonenmassage kann hier ebenfalls zur Unterstützung der Medikamente angewandt werden.

Darmerkrankungen

Die Funktion des Darms könnte man mit der eines Ackerbodens vergleichen: Damit der Mensch gedeiht, müssen Nährstoffe aufgenommen werden. Aber ohne die Hilfe von Bakterien und Pilzen ist dies nur unvollständig möglich. Ein bestimmtes Vorkommen von Bakterien und Pilzen im Darm ist unerlässlich zum Aufschließen der Nährstoffe.

Wenn die Nahrung Rachen, Speiseröhre und Magen passiert hat, dann ist sie zerkleinert, eingespeichelt und in ihre Bestandteile aufgespalten. Im Zwölffingerdarm und dem weiteren Dünndarm werden die Nährstoffe ausgesiebt und an den Organismus weitergeleitet. Im Dickdarm landen die nicht mehr verwertbaren Schlacken. Sie werden dort von der Darmflora verarbeitet. Eingedickt wird der Rest in den Enddarm geschickt und dort ausgeschieden. Die Darmlänge beträgt bei erwachsenen Menschen etwa sieben Meter – und da die Darmwände unzählige Zotten und Falten haben, ist ihre Oberfläche unverhältnismäßig groß. Die Gesamtinnenfläche des Darms wird etwa auf die Größe eines Fußballfelds geschätzt – alles nur, um dem Speisebrei die Nährwerte zu entlocken.

Wenn die Darmflora gestört ist

Die Schulmedizin rottet durch den Einsatz von Antibiotika mit den schädlichen auch die nützlichen Bakterien der Darmflora aus: Häufig gehen Darmerkrankungen auf eine geschädigte Bakterienbesiedelung zurück. Auch eine Überhandnahme derjenigen Darmpilze, die sowohl Nährstoffe verbrauchen als auch Allergieauslöser sein können, ist häufig auf ein geschädigtes Darmmilieu zurückzuführen. Die Fußreflexzonenmassage hilft, den Zustand des Darms zu verbessern, insbesondere wenn Sie nicht nur die Darmzone, sondern auch deren Umgebung genauer anschauen: Störungen im Darm können sowohl von Magen, Leber und Gallenblase als auch von der Bauchspeicheldrüse ausgehen. Auch nervliche Einflüsse wirken sich auf den Darm aus. Der eine bekommt bei Aufregung Verstopfung, der andere Durchfall. Sollte die Produktion von Verdauungssäften eingeschränkt sein, sind Verstopfung oder andere Darmstörungen nicht selten. Fließt die Galle unregelmäßig, so tritt gesteigert dünnflüssiger Stuhl oder Durchfall auf.

Die Reflexzone der Leber liegt am rechten Fuß ziemlich hoch um die des Solarplexus herum. Die Zone der Gallenblase liegt rechts etwas tiefer neben dem Solarplexuspunkt, die der Bauchspeicheldrüse liegt etwa in der Mitte zwischen Fußballen und Ferse des linken Fußes.

Die richtige Massage

Tasten Sie die Zonen der Verdauungsorgane, des Darms und die angrenzenden Schmerzzonen mit dem Raupengriff ab, und merken Sie sich die druckempfindlichen, gestörten Stellen. Behandeln Sie ausdauernd, aber eher sanft. Der Patient soll sich wohl dabei fühlen. Die Behandlung dauert pro Fuß 15 bis 20 Minuten. Patienten mit einer Darmentzündung (Morbus Crohn, Colitis ulcerosa) sollten im akuten Schub nicht massiert werden!

Hämorrhoidalleiden

Bei Hämorrhoidalleiden sollten Sie auf der linken Fußsohle insbesondere den Endpunkt der Reflexzone des Dickdarms gründlich massieren.

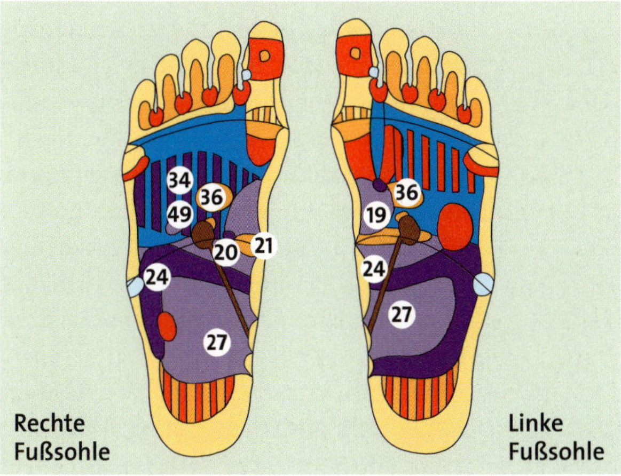

Magen und Leber (Bezugszone) (19); Magenausgang (20); Bauchspeicheldrüse (21); querliegender Dickdarm (24); Dünndarm (27); Leber (34); Solarplexus (36); Gallenblase (49)

Drüsenstörungen

Die Drüsen übernehmen neben dem Nervensystem die wichtigsten Steuerungsvorgänge in unserem Körper. Sie stellen die Hormone her, die wiederum wichtige Aufgaben im Organismus steuern, auslösen oder steigern. Die Drüsen beeinflussen sich durch ihre Hormonausschüttung zudem gegenseitig in ihrer Tätigkeit. Folglich zieht die Störung der einen Drüse Beschränkungen der anderen Drüsen nach sich. Schwere Erkrankungen mit einem komplexen Krankheitsbild sind die Folge.

Hirnanhangsdrüse (7); Schilddrüse (13); Herz (Bezugszone) (14); Dünndarm (27); Solarplexus (36); Nebennieren (37); Thymusdrüse (66)

Man unterscheidet generell zwischen exokrinen Drüsen, die ihr Sekret nach außen oder in Körperhohlräume abgeben, und endokrinen Drüsen (Hormondrüsen), die das Sekret ins Blut oder in die Lymphe absondern.
Die wichtigen Drüsen für die Fußreflexzonenmassage:

- Hirnanhangsdrüse
- Schilddrüse
- Thymusdrüse
- Nebennieren

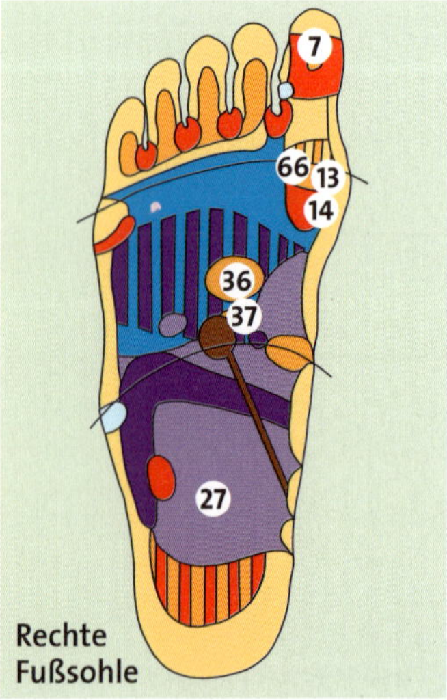

Die Drüsen und die Psyche

Die Drüsen stehen in einem engen Zusammenhang mit dem Gehirn, sie werden vielfach von dort aus gesteuert. Doch sie beeinflussen nicht nur chemische Vorgänge im Körper, sondern werden selbst durch seelische Prozesse beeinflusst: Angst, Wut, Freude und Trauer greifen tief in das hormonelle Gleichgewicht ein. Umgekehrt erzeugt ein ausgeglichenes Drüsensystem Standkraft und innere Harmonie.
Eine Reflexzonenmassage der Drüsen hat folglich auch Auswirkungen auf Ihre seelische und geistige Verfassung.

Die Hirnanhangsdrüse

Die Hirnanhangsdrüse (Hypophyse) liegt an der Basis des Zwischenhirns. An dieser Schaltstelle werden wichtige Entscheidungen getroffen: Die Schilddrüse wird beeinflusst, die Hormonproduktion der Nebennieren wird gesteuert, die weiblichen und männlichen Hormondrüsen werden von hier aus gelenkt.

An dieser Stelle sei gleich angemerkt, dass die unmittelbare räumliche Nähe von Gehirn und Zähnen zu Problemen mit Schwermetallen (beispielsweise mit giftigem Quecksilber, das in Zahnfüllungen aus Amalgam enthalten ist) führen kann. Leider hat die Hirnanhangsdrüse eine sehr hohe Bereitschaft, Quecksilber einzulagern. Deshalb ist bei unklaren Hormonstörungen immer auch an den Zähnen Ursachenforschung zu betreiben.

Wissenschaftler haben nachgewiesen, dass Menschen mit vielen Amalgamfüllungen und Zahnärzte, die täglich mit Quecksilber in Berührung kommen, große Belastungen der Hirnanhangsdrüse mit diesem Schwermetall aufweisen.

Die Hypophysenzone befindet sich im Gehirnareal der großen Zehe, genau in der Mitte der Unterseite des oberen Zehenglieds. Sie liegt sehr tief; es bedarf hier also einer kräftigen Massage. Manchmal findet man gerade über diesem Punkt Hornwarzen, Fußpilz oder sich abschuppende Haut. Dies sollten Sie als Hinweis betrachten, dass etwas mit der Hirnanhangsdrüse nicht in Ordnung sein kann.

Die Schilddrüse

Diese beiderseits neben dem Kehlkopfknorpel liegende Drüse ist verantwortlich für die Produktion der jodhaltigen Hormone Thyroxin und Trijodthyronin. Beide Hormone regen Stoffwechsel und Wachstum an. Bei Jodmangel können Schilddrüse und Nebenschilddrüsen aus dem Lot geraten. Viele Frauen leiden ab der Pubertät unter einer leichten bis schweren Vergrößerung der

Schilddrüse, was normalerweise bei nur mäßiger Vergrößerung wenig Schwierigkeiten macht. Wenn das Wachstum jedoch erheblich wird, spricht man von einem Kropf. Gefährlich wird die Schilddrüsenstörung, wenn im Blut Veränderungen nachzuweisen sind. Dann zeigt sich entweder eine Über- oder Unterfunktion der Schilddrüse.

▶ Bei einer Unterfunktion lagert der Körper Flüssigkeit ein und schwillt an, häufig fallen die Augenbrauen an den Schläfenseiten aus, die Kranken werden antriebsarm, zeigen Konzentrations- und Gedächtnisschwäche und werden sehr kälteempfindlich.

▶ Bei einer Überfunktion hingegen wird der Stoffwechsel derart angepeitscht, dass das Herz ohne Grund zu rasen beginnt, was im schlimmsten Fall zu Herzversagen führen kann. Die Patienten nehmen ab und bleiben dauerhaft untergewichtig, sie sind unruhig, reizbar und leiden unter Hitzewallungen.

Beide Störungen müssen vom Arzt behandelt werden. Neben der medikamentösen oder Mineraltherapie mit Jod können chronische Störungen der Schilddrüse immer auch mit der Fußreflexzonenmassage behandelt werden.

Spätestens seit der Reaktorkatastrophe von Tschernobyl weiß wohl jeder um die Gefährlichkeit radioaktiver Substanzen speziell für die Schilddrüse. Bei den Betroffenen »frisst« der Körper als Folge der Schädigung durch Radioaktivität seine Schilddrüse selbst auf.

Vorsicht, Quecksilber

Ebenso wie die Hirnanhangsdrüse (Hypophyse) können auch die Schilddrüse und die Nebenschilddrüsen durch Quecksilber in ihrer Funktion nachhaltig negativ beeinflusst werden. So genannte heiße und kalte Knoten in der Schilddrüse stehen sehr häufig mit Quecksilberbelastungen in einem – wissenschaftlich noch nicht nachweisbaren – Zusammenhang. Auch in diesen Fällen hilft die konsequent angewendete Fußreflexzonenmassage, das Leiden zu beeinflussen.

Die Schilddrüse befindet sich beidseits neben der Halsmitte, daher muss auch die Reflexzone an der Fußinnenseite liegen. Da die Drüse im Halsbereich liegt, ist ihre Reflexzone am Übergang von der großen Zehe zum Fußballen zu finden, dort, wo auch die Halswirbelsäulenpunkte lokalisiert sind.

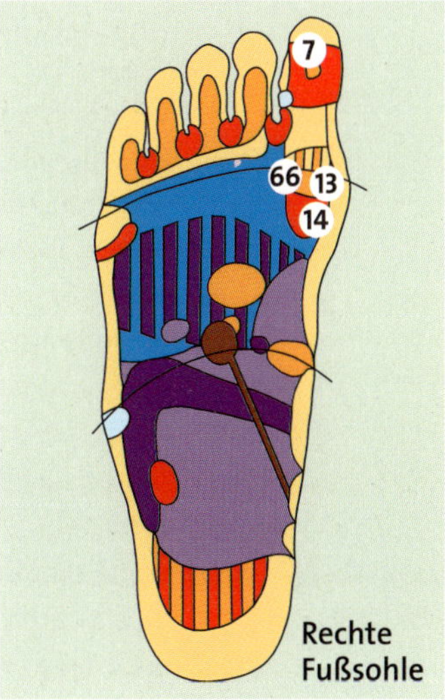

Hirnanhangsdrüse (7); Schilddrüse (13); Herz (Bezugszone) (14); Thymusdrüse (66)

Die richtige Massage

Die Schilddrüsenpunkte werden am besten täglich mit dem Daumen gut durchgeknetet. Sie sollten dies nach der Behandlung der Hypophysenpunkte tun, da die Hirnanhangsdrüse die Schilddrüse steuert (siehe auch Seite 71).

Die Thymusdrüse

Die Thymusdrüse ist ein zweilappiges, direkt hinter dem Brustbein, unterhalb des Halsgrübchens liegendes Organ. In ihrer Rindenzone sind unzählige Lymphozyten eingelagert, in ihrem Mark kommen Mastzellen und Granulozyten (alles Abwehrzellen) vor. Sie wächst bis zum Eintritt der Geschlechtsreife und bildet sich dann in ein scheinbar funktionsloses Fettgewebe zurück. Im vorpubertären Alter ist ihre Aufgabe überlebenswichtig: Die in ihr gebildeten Abwehrzellen sorgen für Aufbau und Funktion des Immunsystems unserer Körperzellen. Obwohl die Drüse diese Funktion mit zunehmendem Alter verliert – sie schrumpft nach der Pubertät deutlich –, liegt nahe, dass sie bis ins Alter die Abwehrzellen trainiert und gegen Bakterien, Viren, Pilze scharfmacht. Erfüllt die Drüse diesen Zweck nicht mehr, verliert der Körper an Widerstandskraft.

Neben der körpereigenen Abwehr beeinflusst die Thymusdrüse auch das Zellwachstum und den Knochenstoffwechsel.

»Altersschwindsucht«

Bei Abnahme der Widerstandskraft kommt es schnell zu schleichenden Infektionen, die sich folgendermaßen zeigen: Der Kranke ist zwar infiziert, bekommt aber weder Fieber noch die typischen Anzeichen einer Entzündung. Er siecht ohne erkenntlichen Grund dahin. Gerade ältere Menschen sind von diesem Leiden betroffen, das oft als Altersschwindsucht bezeichnet wird.

- Fieber und Entzündungen sind jedoch keine Krankheiten, sondern Heilreaktionen des Körpers. Sie zu unterdrücken ist ein Fehler, es sei denn, sie werden so stark, dass sie den Menschen selbst gefährden.
- Da Altersschwindsucht in der Regel eine Abwehrschwäche ist, schafft die hohe Genauigkeit bei der Suche nach dem Erreger und eine medikamentöse Unterstützung der Abwehrkräfte in den meisten Fällen Hilfe.
- Sie können durch Reflexzonenmassage dem Körper bei der Steigerung seiner Abwehrkräfte helfen.

Selbsthilfe reicht nicht aus: Allergien und chronische Krankheiten müssen fachmännisch untersucht werden.

Die Reflexpunkte der Thymusdrüse liegen auf der Zehengrundgelenkslinie zwischen der großen und der zweiten Zehe. Sie ziehen sich durch den Fuß und sind daher sowohl an der Sohle als auch auf dem Fußrücken zu massieren. Behandeln Sie sie täglich.

Allergien und chronische Entzündungen

Bei chronischen Entzündungen und Allergien scheint ebenfalls die Funktion der Thymusdrüse beeinträchtigt zu sein. Daher sollte bei allen diesen Erkrankungen nicht nur die Reflexzone des betroffenen Organs, sondern auch die Drüsenzone mit behandelt werden.

Interessanterweise beobachten fast alle Patienten, dass sich neben ihrem Gesundheitszustand auch ihre Stimmung durch die Behandlung langsam verbessert.

Die Nebennieren

Die Nebennieren steigern den Blutdruck und den Blutzucker durch die in ihrem Mark gebildeten Hormone Adrenalin und Noradrenalin. Die in den Nebennierenrinden produzierten Hormone (Kortikoide) beeinflussen maßgeblich den Eiweißstoffwechsel, den Kohlenhydrat-, den Wasser- und den Insulinhaushalt sowie den Natrium- und den Kaliumstoffwechsel. Die Bezeichnung »Nebennieren« ist folglich ein wenig bescheiden für diese kleinen Drüsen, welche auf den Nieren aufsitzen wie ein Reiter auf dem Ross. Dass sie den ganzen Organismus durcheinander bringen können, lässt ihr Name jedenfalls nicht ahnen.

Stressfolgen

Bei Stress schütten die Nebennieren das Hormon Adrenalin aus. Adrenalin regt den Kreislauf und die Herztätigkeit an, Blutdruck und Puls steigen. Sinn dieser Reaktion ist es, den Körper auf Flucht oder Angriff vorzubereiten – eine lebenswichtige Reaktion, die den Menschen in bedrohlichen Situationen warnen und somit schützen kann. Doch zu viel Adrenalin steigert den Blutdruck, was wiederum zu Hektik, Nervosität und Stress führt. Und dieser Stress erzeugt wiederum zu viel Adrenalin.

Nebennieren (37); Thymusdrüse (66)

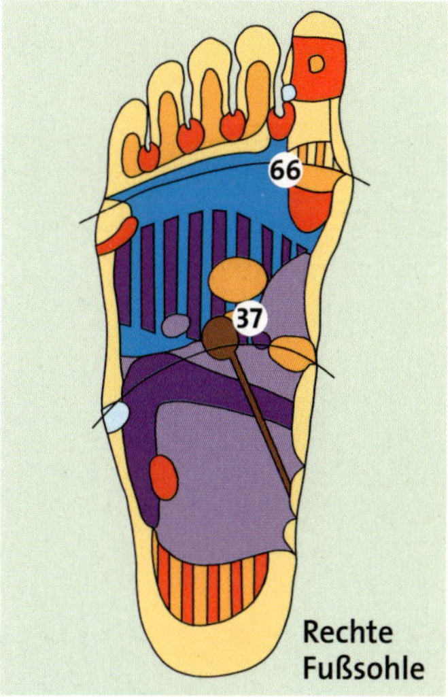

Hilfe gegen die Stressspirale

Vor allem Menschen mit hohem Blutdruck sollten also entspannen, und dazu ist die Fußreflexzonenmassage wunderbar geeignet, besonders wenn die Neben-

Das beste Mittel gegen Stress: Erlernen Sie eine Entspannungsmethode wie autogenes Training oder Yoga.

nierenzone kräftig mitbehandelt wird. Diese Zone liegt ziemlich in der Mitte der Fußsohle, etwas unter dem Sonnengeflechtspunkt. Doch gerade bei einer Schmerzhaftigkeit der Nebennierenzone ist Vorsicht geboten. Lassen Sie die schmerzhafte Zone aus, üben Sie keinesfalls tiefe bohrende Knetungen aus. Wie immer im Schmerzfall gilt auch hier: lieber einige Streichungen, lieber lang und sanft als kurz und kräftig. Setzen Sie sich zum Ziel, Ihren gestressten Patienten während der Massage in einen heilsamen Tiefschlaf fallen zu lassen.

Herz – Kreislauf – Blutdruck

Neben der bedeutenden Rolle, die gestörte Nebennieren bei zu hohem oder stark erhöhtem Blutdruck spielen können, gibt es weitere organische Ursachen für krankhafte Blutdruckveränderungen.

Herz (Bezugszone) (14)

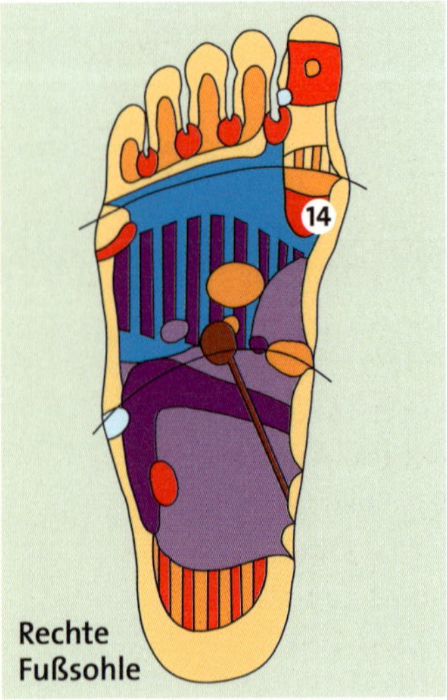

Was ist ein normaler Blutdruck?

Wenn der Herzmuskel sich zusammenzieht (Systole), wird das Blut aus der linken Herzkammer in die Arterien gepumpt: Der Druck in den Gefäßen steigt an. Erschlaffen die Herzmuskeln (Diastole), nimmt der Druck ab. Der Druck, mit dem der Blutstrom durch die Gefäße fließt, schwankt folglich rhythmisch, abhängig von der Herzaktion.

- Es werden der maximale und der minimale Druck gemessen.
- Daher werden Blutdruckwerte immer mit zwei Zahlen angegeben, beispielsweise 120/80 mmHg.

▶ Der erste Wert (Systole) stellt den Druck dar, den das Herz und die Gefäße auf die Blutflüssigkeit ausüben, wenn sie sich zusammenziehen. Der zweite Wert (Diastole) gibt die Spannung an, die bleibt, wenn sich Herz und Blutgefäßsystem entspannt haben.

Je nach Belastung schwankt der Blutdruck bei jedem Menschen. Sportler erreichen beim Training Werte über 200/90 mmHg. Bei Schlafenden hingegen kann der Blutdruck auf Werte unter 100/70 mmHg absinken. Um Unsicherheiten zu vermeiden, sollten Sie darauf achten, dass während der Messung vergleichbare äußere und innere Bedingungen gegeben sind.

Normal ist nicht unbedingt normal. Grenzwerte werden immer von Menschen festgelegt. Entsprechend sind die Meinungen, wann genau hoher und wann niedriger Blutdruck vorliegt, durchaus unterschiedlich.

Man misst seinen Blutdruck:

▶ Stets in Ruhe
▶ Ohne hohe körperliche Belastung vor der Messung
▶ Nicht nach Mahlzeiten
▶ In derselben Lage, am besten entspannt sitzend
▶ Stets am selben Arm, da die Blutdruckwerte an beiden Armen bis zu zehn Einheiten differieren können
▶ Immer zur selben Zeit

Wenn Sie alles richtig machen, dann sind Werte bis zu 140/90 mmHg normal. Menschen über 60 Jahre können auch einmal Werte bis 160/90 haben. Alles, was darüber liegt, ist (zu) hoher Blutdruck (Hypertonie), alles, was unter 100/60 mmHg liegt, (zu) niedriger Blutdruck (Hypotonie). Wobei die Norm immer relativ ist: Wie alle Grenzwerte werden auch die Blutdruckwerte von Menschen festgelegt. Entsprechend sind die Meinungen, wann genau hoher und wann niedriger Blutdruck vorliegt, etwas unterschiedlich. Immer in die Auswertung der Messdaten einbeziehen sollten Sie Ihre emotionale Befindlichkeit, denn Schmerz, Kummer und Angst verändern den Blutdruck. Blutdruckschwankungen sind ein Symptom und keine Krankheit.

Zu niedriger Blutdruck

Wenn Sie sich wieder den ganzen Fuß zur Massage vornehmen, verraten Ihnen Ihre Füße die Ursache eines niedrigen Blutdrucks. Sie beeinflussen Ihren Kreislauf effektiv, wenn Sie besonderes Augenmerk auf folgende Zonen richten:

- Die Hypophysenzone in der Mitte des Endglieds der großen Zehe
- Die Nebennierenzone in der Fußmitte
- Die Herzzone an der Innenseite des Fußballens
- Die Sonnengeflechtszone in der Fußmitte
- Den Bereich des Dünndarms (Mittelfuß und Fersenbereich)

Hirnanhangsdrüse (7); Herz (14); Dünndarm (27); Beckenraum (Bezugszone) (30); Beckenraum (31); Sonnengeflecht (36); Nebennieren (37)

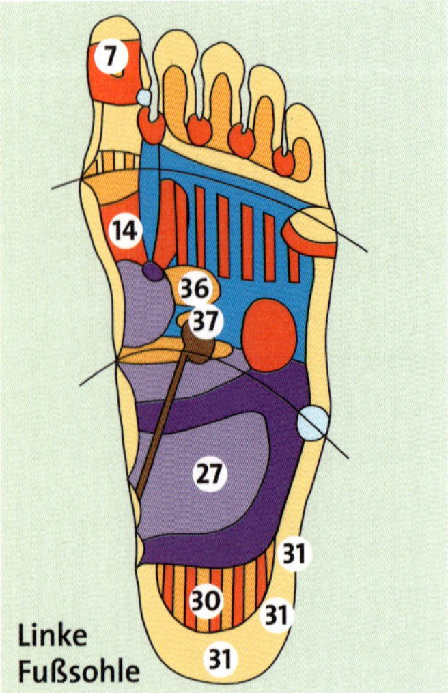

Bei vielen schlanken Personen tritt ein niedriger Blutdruck gern zusammen mit einer gewissen Dünndarmschwäche auf. Hier sind Frauen besonders betroffen. Sie haben neben dem niedrigen Blutdruck häufig auch Verdauungsstörungen und Verstopfung. Unter Umständen belasten in diesen Fällen Darmgifte das Blutgefäßsystem. Bei Frauen ist die Unterleibszone ebenfalls von ursächlicher Bedeutung für einen zu niedrigen Blutdruck.

Dem Gefühl trauen

Bei Patienten mit niedrigem Blutdruck können Sie im Verlauf der Sitzungen allmählich festeren Druck auf die Fußsohle ausüben. Raten Sie Ihren Massagepartnern auch dazu, morgens eine kalte Waschung noch im Bett durchzuführen:

- Man nimmt einen mit zimmerwarmem Wasser befeuchteten Waschlappen und wäscht den ganzen Körper innerhalb einer Minute von unten nach oben ab. Die Arme werden dabei von den Händen zu den Achseln hin gewaschen.

▶ Dann legt man sich wieder ins Bett, deckt sich bis zum Hals zu, ohne sich abzutrocknen, und lässt das Wasser einfach durch die Bettwärme verdunsten.

Zu hoher Blutdruck

Es gibt allerdings auch Fälle, die nicht unmittelbar Einblick in den Blutkreislauf des Patienten gewähren. Was zunächst auf niedrigen Blutdruck schließen lässt, z. B. Schwindel und Schweißausbrüche, kann sich als hoher Blutdruck entpuppen. Daher gilt auch hier: Behalten Sie stets das Ganze im Auge. Lassen Sie sich niemals von einem Symptom in die Irre leiten.

Bei hohem Blutdruck sollten Sie die Reflexzonen der Drüsen (Hypophyse, Schilddrüse, Thymusdrüse, Nebennieren) sowie die Nervengeflechte (Halsnerven, Bauchnerven und Unterleibsnerven) besonders in Augenschein nehmen. Gleichzeitig sollten Sie auf schmerzhafte Zahn-, Gallenblasen- und Nierenpunkte achten. Hoher Blutdruck kann das Symptom für eine andere Störung des Organismus sein, wie z. B. eine innere Vergiftung aufgrund schneller Gewichtsreduktion.

Zähne (3); Hirnanhangsdrüse (7); Schilddrüse (13); Beckenraum (Bezugszone) (30); Beckenraum (31); Nebennieren (37); Nieren (38); Gallenblase (49); Thymusdrüse (66)

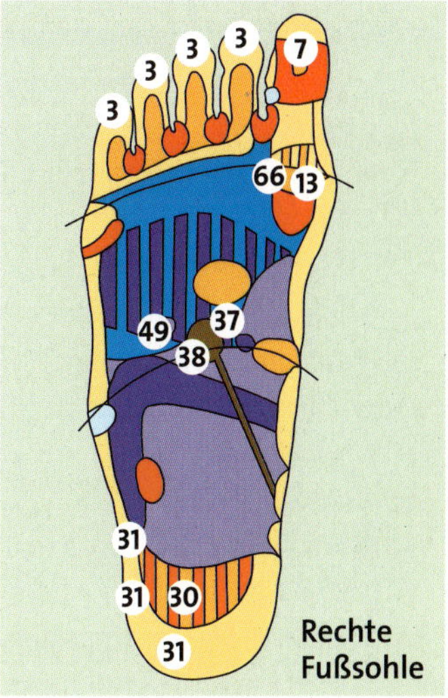

Kopfschmerzen

Eines der häufigsten Leiden unserer Zeit sind Kopfschmerzen. Doch Kopfschmerz ist nicht gleich Kopfschmerz: Es kann ziehen, hämmern, pochen, drücken oder ste-

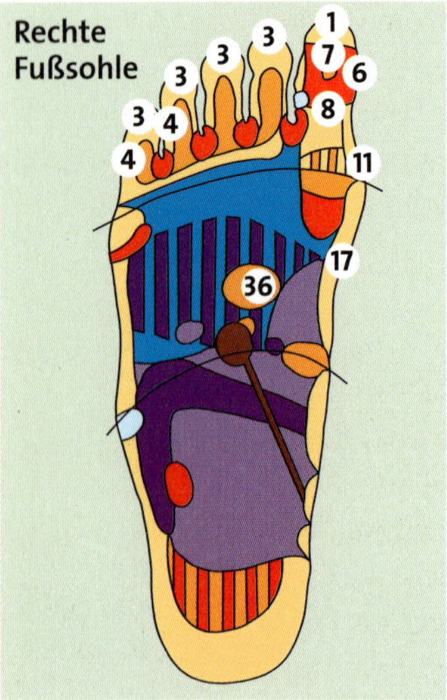

Zähne (1, 3); Mandeln (4); Großhirn (6); Hirnanhangsdrüse (7); Kleinhirn (8); Halswirbel (11); Brustwirbelsäule (17); Solarplexus (36)

Verspannungen? Tumor? Bei chronischen Kopfschmerzen sollten Sie die Ursachen mit dem Arzt klären.

chen. Ursächlich für Kopfschmerzen kann alles sein: seelische Leiden, falsche Sitzhaltung, Verspannungen im Schulterbereich, Stress im Beruf, eine beginnende oder abklingende Erkältung, Zahnprobleme, Zyklusstörungen usw. Es ist deshalb wichtig, sich nicht ausschließlich auf die Reflexzonen für den Kopf, also die Zehen, zu konzentrieren.

Der Ursache auf der Spur

Am besten beginnen Sie mit einer leichten Vorbereitung der Füße: Streichen Sie beide Füße aus, um sich auf ihre Besonderheiten einzustellen. Die folgende Massage der Zehen hat mit größter Sorgfalt und Vorsicht zu geschehen. Denn hier befinden sich Reflexzonen dicht nebeneinander, die daher einem großflächigen Druck leicht entgehen. Beginnen Sie an der großen Zehe, und arbeiten Sie sich bis zur kleinen Zehe durch, indem Sie auch die Seitenanteile der Zehen und ganz besonders die Rückseiten nicht vergessen – denn vor allem dort liegen die Zähne. Die Zehen repräsentieren die Zähne nicht ganz eindeutig: Nur die große Zehe lässt sich den Schneidezähnen und die kleine Zehe den Weisheitszähne zuordnen. Die dazwischen liegenden Zähne sind den einzelnen Zehen nicht exakt zuzuschreiben (siehe hierzu auch Seite 52).

Zähne können tückisch sein

Warum achtet man auf Zähne, wenn man Kopfschmerzen behandeln will? Weil ein großes Heer von Kopfschmerzpatienten chronische Entzündungen im Kopfbereich hat. Dazu gehören – was oft übersehen wird – in erster Linie die Zähne. Schmerzhafte, auffällige Zahnzonen treten auf bei Amalgamfüllungen, Karies, Zahnfleischentzündungen und Zahneiterungen, besonders bei solchen, die nicht akut und deshalb nicht schmerzhaft sind. Auch schlecht sitzende Kronen und Prothesen irritieren die Zahnzonen.

Mandeln – die Zöllner unseres Organismus: Bakterien sollen die Grenze des lymphatischen Rachenrings möglichst nicht passieren.

Störherd Mandeln

Eine weitere Ursache von Kopfschmerzen können irritative Mandeln sein. Es gibt neben den Gaumenmandeln noch Rachen- und Zungenmandeln. Auch Mandeloperierte haben also noch Mandeln, denn es werden nur die Gaumenmandeln entfernt. Folglich besteht kein Widerspruch, wenn bei einem Mandeloperierten eine Mandelzone schmerzhaft reagiert: Sie liegt auf dem zweiten Gelenk der vorletzten und der kleinen Zehe. Hilfreich ist außerdem die Massage der Luftröhren- und Bronchienreflexzone; sie befindet sich auf der Höhe des zweiten Zehenknochens an den Innenseiten der großen und der zweiten Zehe und zieht sich von dort aus den Vorfuß hinunter.

Stirnhöhle, Kieferhöhle, Zähne (3); Mandeln, seitliche Lymphstränge (4); Nasen-Rachen-Raum (55)

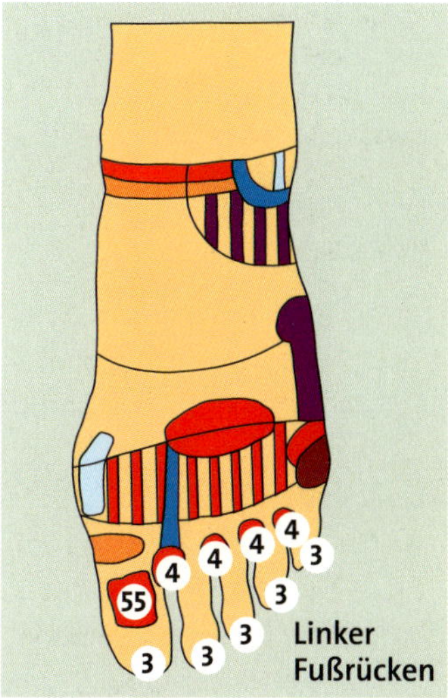

Nebenhöhlenirritationen

Auch die Nebenhöhlen sind oft Ursache für Kopfschmerzen. Man findet sie vor allem an Ober- und Unterseite der zweiten bis vierten Zehe. Massieren Sie zudem die Zone, die den Nasen-Rachen-Raum beeinflusst, auf dem Gelenk der großen Zehe, denn verstopfte Kiefer- und Stirnhöhlen haben meist dort ihre Ursache. Die Stirnhöhlenzonen liegen auf der Oberseite der zweiten bis vierten Zehe.

Wirbelsäulenprobleme

Intensive Arbeit am Bildschirm belastet Augen- und Rückenmuskulatur.

Die Situation am Arbeitsplatz führt oft zur Verspannung von Halswirbelsäule und Schultermuskulatur. Schuld daran sind auf der psychischen Seite Stress und Überlastung, auf der physischen Seite falsche Stühle, eine falsche Haltung, dazu das Fehlen einer ausgleichenden Gymnastik.

Die Reflexzonen des Wirbelsäulenbereichs liegen auf der Innenseite der Füße, genauer gesagt, am Übergang von Fußsohle zu Fußinnenseite. Die Halswirbelsäule beginnt an der großen Zehe und endet in der Höhe des Fußballens. Darunter beginnt die Brustwirbelsäule (siehe Seite 49).

Doch auch die erwähnten Entzündungen der Kopforgane (Infektionen von Zähnen, Mandeln, Stirn- und Kieferhöhlen) führen zu Verspannungen sowie Lymphbelastungen im Bereich der Halswirbelsäule. Es gibt in der Mitte der Schultermuskulatur einen Punkt, der bei derartigen Belastungen immer verhärtet ist. Diesen Punkt finden Sie als Reflexzone in der Mitte des Fußballens unterhalb des Anfangs der dritten Zehe wieder. Bis auf die psychischen Ursachen können Sie alle diese Auslöser für Kopfschmerzen durch gezielte Fußreflexzonenmassage beheben.

Halswirbelsäule (11); Brustwirbelsäule (17); Schultergelenk (33); Lunge (35); Solarplexus, Zwerchfell (36)

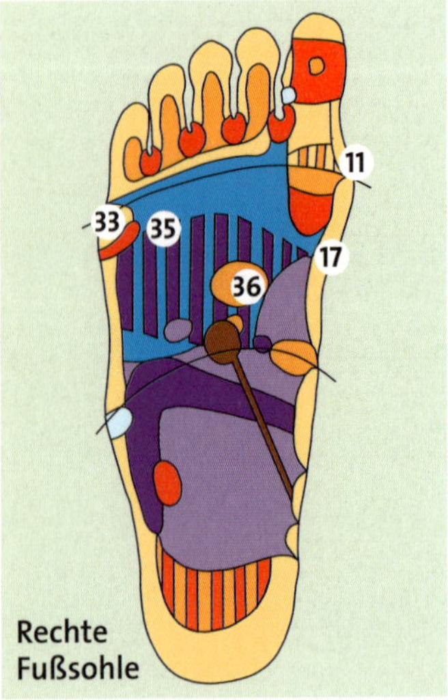

Das Sonnengeflecht

Es ist kaum vorstellbar, wie häufig bei Kopfschmerzpatienten die Zone um das Sonnengeflecht reagiert. Dies liegt daran, dass die Körpermitte alle Spannungen speichert. Bei chronischen Schmerzen

und seelischen Problemen wird oft unbewusst die Atmung angehalten, die natürliche innere Organmassage durch jeden Atemzug entfällt. Fast regelmäßig entsteht dieser Stau bei Kopfschmerzen. Deshalb unterstützt die Massage dieser Reflexzone die Entfaltung der Lunge, und die Blockierung des Zwerchfells löst sich.
Man muss diese Zone sehr lange und liebevoll behandeln. Sie sollten auf keinen Fall mit spitzem Finger immer wieder in diese leicht zu findende Stelle bohren, sondern versuchen, den Schmerz auszumassieren, indem Sie die Stelle umkreisen.

Kopfschmerzen können das Resultat flacher oder mangelhafter Atembewegungen sein.

Der Zyklus

Gerade bei Frauen ist die Ursache für Kopfschmerzen und Migräne häufig im Bereich des Unterleibs zu suchen. Viele Patientinnen, die über Kopfschmerzen klagen, haben beispielsweise immer wieder schmerzhafte Regelblutungen oder spüren den Eisprung durch ziehende bis krampfhafte Schmerzen im Unterleib. Der Unterbauch ist zudem eine weitere Zone von Irritationen und chronischen Entzündungen. Belastungen in diesem Bereich führen nicht selten zu Kopfschmerzen, bei Frauen auch zu Migräne. Sie sollten diese Zonen jederzeit gründlich mit behandeln.

Leistenkanal, Eileiter (44); Bauchdecke (48); Blase (57); Eierstöcke, Hoden (Bezugszone) (59); Gebärmutter, Prostata, Hoden (60); Genitalien (65)

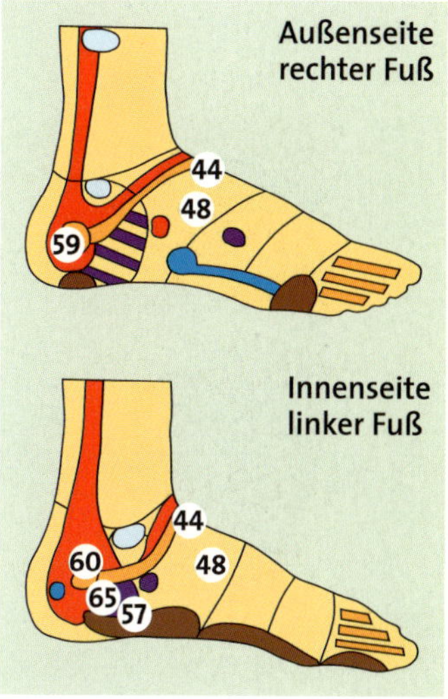

Vielfältige Hintergründe

Sie sehen, welche Zusammenhänge im Körper für so ein einfaches Symptom wie Kopfschmerzen gefunden werden können. Dabei muss nicht einmal die Kopfzone selbst auffällig erscheinen. Manchmal sind nur die Störzonen irgendwo im Körper als Ursache auszumachen. Seien Sie also nicht enttäuscht, wenn Sie bei Beschwerden in der erwarteten Zone keinen Befund erheben können. Es liegt nicht an Ihnen und auch nicht an der Fußreflexzonenmassage; es liegt daran, dass die Zusammenhänge anders sein können, als Sie es erwarten. Dennoch wird Ihr Körper prompt auf die Massagen reagieren, sobald die entsprechenden Zusammenhänge gefunden sind.

Magenausgang (20); Bauchspeicheldrüse (21); querliegender Dickdarm (24); Dünndarm (27); Leber (34); Solarplexus (36); Gallenblase(49)

Magenbeschwerden und -geschwüre

Bis auf wenige angeborene Magenkrankheiten, wie beispielsweise übermäßige Säureproduktion, die schon in früher Jugend zu Magengeschwüren führen oder Magenkrebs erzeugen, sind fast alle anderen Magenbeschwerden wie Magenschleimhautentzündung (Gastritis) oder Magen- und Zwölffingerdarmgeschwüre durch Stress und falsche Ernährung bedingt. Dagegen können Sie reflexzonentherapeutisch nicht viel tun, wenn Sie Ihrem Patienten oder sich selbst nicht klarmachen, dass sich seine bzw. Ihre Lebensweise grundlegend ändern muss.

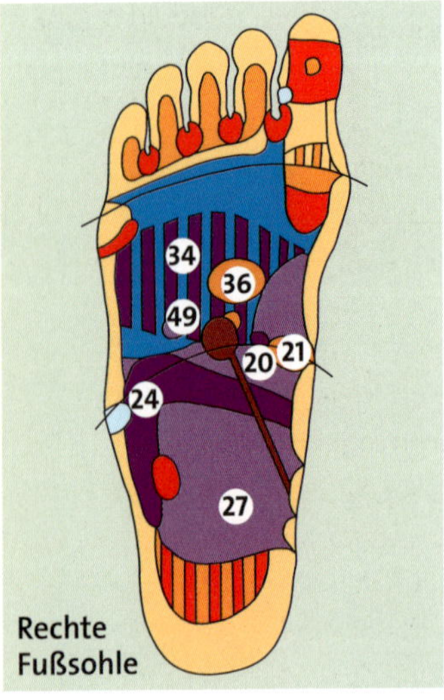

Rechte Fußsohle

Es gilt, Hektik und Stress zu vermeiden, das Rauchen muss eingestellt und der Alkoholgenuss vermindert werden. Die Ernährung soll von säurehaltigen Lebensmitteln (zucker- und weißmehlhaltige Kost, Kaffee, schwarzer Tee, Limonaden, Fertigprodukte und Fastfood) auf basische Vollwertkost (Vollkornprodukte, Obst, Gemüse, grüner Tee und Kräutertee) umgestellt werden.

Wie ein Magengeschwür entsteht

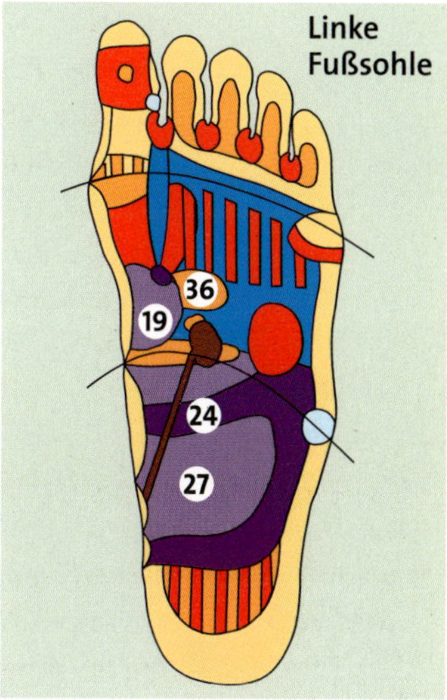

In den meisten Fällen ist eine ungesunde Lebensweise ursächlich für Gastritis, Magen- und Dünndarmgeschwüre:

- Falsche und zu hastige Ernährung
- Dauerstress und Hektik
- Nikotin und Alkohol im Übermaß
- Zu wenig Bewegung

Andere, seltenere Ursachen können sein:

- Durchblutungsstörungen des Magen-Darm-Trakts
- Bakterienbefall des Magen-Darm-Trakts
- Allergische Reaktionen
- Leber- und Gallenblasenleiden

Wenn Sie die Organe des Verdauungstrakts nacheinander reflexzonentherapeutisch behandeln (siehe Kasten Seite 65), werden Sie in jedem Fall auf die tatsächlichen Verursacher der Magen- bzw. Darmerkrankung stoßen.

Magen und Leber (Bezugszone) (19); querliegender Dickdarm (24); Dünndarm (27); Solarplexus 36)

Magen und Zwerchfell arbeiten zusammen

Der Magen liegt in der Körpermitte, unterhalb des Zwerchfells im so genannten Oberbauch. In der Bauchsphäre herrschen andere Gesetze als im Brustraum, der Druck ist ein anderer, das Ambiente ist ein anderes, dennoch beeinflussen sich beide Körperpartien gegenseitig. Da der Magen unter dem die Atmung kontrollierenden Zwerchfell liegt, wird er normalerweise durch jede Atembewegung massiert. Diese Bewegung unterstützt die Verdauungstätigkeit. Menschen, die unter Stress stehen, halten jedoch oft unbewusst die Atmung an. Die Schwingung des Zwerchfells wird zu klein, und die innere Magenmassage wird zu gering. So reduziert

Atmen Sie ein, so drückt das Zwerchfell den Magen zusammen, atmen Sie aus, so gibt es den Magen wieder frei.

Stress die Magentätigkeit und führt zu Verdauungsproblemen. Aber auch die Tätigkeit des Sonnengeflechts, das alle Organe im Oberbauch steuert, wird irritiert, besonders wenn Erschrecken oder Angst die Ursache des Stresses ist: Manche Leute halten durch die immense Hektik ihrer Lebensführung ihren Organismus sozusagen in einem Dauerschreck.

Symptome einer Gastritis sind Aufstoßen, Übelkeit, Durchfall und Brechreiz. Symptome eines Magen- oder Dünndarmgeschwürs sind Völlegefühl, Sodbrennen und Aufstoßen, Verstopfung und dumpf-bohrende Schmerzen im linken Oberbauch.

Dadurch wird die Durchblutung des Magens verändert und die Bildung des die Magenwände schützenden Magenschleims negativ beeinträchtigt. Die Folge: Die Magensäure kann die eigenen Zellwände angreifen; ein Magengeschwür kann entstehen. Natürlich kann auch eine falsche Ernährung, z. B. zu viel Alkohol oder fett gebratene Speisen, den Magenschleim nachhaltig schädigen, insbesondere wenn gleichzeitig zu wenig Vitamin C eingenommen wird. Die Folge ist eine chronische Magenschleimhautentzündung.

Die richtige Massage

Die Magenzone liegt vor allem am linken Fuß, im ersten Drittel der Fußwölbung auf dem ersten und zweiten Mittelfußknochen. Sie zieht sich von dort bis hinunter zum Keilbein. Der rechte Fuß hat in demselben Gebiet nur wenig Magenanteile, nämlich die Zone für den Magenausgang. Außerdem liegt auf den Knochen des rechten Mittelfußes die große Reflexzone der Leber mit der kleineren Reflexzone der Gallenblase an der Basis des dritten und vierten Mittelfußknochens. Erfahrungsgemäß hat sich eine Mitbehandlung der Reflexzonen des Magens, der Leber und der Gallenblase auf der linken Fußsohle bewährt, wenn nebenstehende Symptome sich bemerkbar machen. Vor allem wichtig ist bei Problemen mit dem Magen eine Mitbehandlung des Sonnengeflechtspunkts an beiden Füßen.

Nebenhöhlenentzündungen

Die Nasennebenhöhlen, genauer Stirnhöhle, Kieferhöhlen und Keilbeinhöhle, sind Hohlräume im Schädelknochen, die direkt neben und über dem Nasenraum liegen. Welchem Zweck diese luftgefüllten, mit Schleimhaut ausgekleideten Nebenhöhlen dienen, ist bis heute nicht wirklich klar.

Wenn im Verlauf einer Infektion der Nasenhöhle durch Viren und Bakterien die Schleimhäute der Nasennebenhöhlen infiziert werden, so schwellen sie an oder beginnen sogar zu eitern. In schweren Fällen kommt es zur Bildung von Abszessen.

Die Symptome

Neben einer allgemeinen Abgeschlagenheit und geröteten Augen leiden die Erkrankten unter – oft einseitig – verstopfter Nase. Hinzu kommen Gesichts- und Kopfschmerzen, die so stark sein können, dass die leichteste Bewegung unerträgliche Schmerzen erzeugt. HNO-Ärzte verordnen meist Bettruhe und Antibiotika, um zu vermeiden, dass ein Hirnabszess, eine Eiterung, die ins Gehirn einbricht, entstehen könnte. In der Tat ist dies kein Zustand, mit dem zu spaßen ist.

Auch hier ist ein Anwendungsgebiet für die Reflexzonenmassage: Die Vorder- und Rückseite der Zehen sind Nebenhöhlengebiete, insbesondere die Endglieder. Aber auch die Gebiete zwischen den Zehen sind wichtig, denn dort liegen die Zonen, die Kopf- und Halslymphe, also das Abwehrsystem, anregen.

Stirnhöhle, Kieferhöhle, Zähne (3); Lymphzonen (12); querliegender Dickdarm (24); Dünndarm (27); Achsellymphknoten (32); Nieren (38)

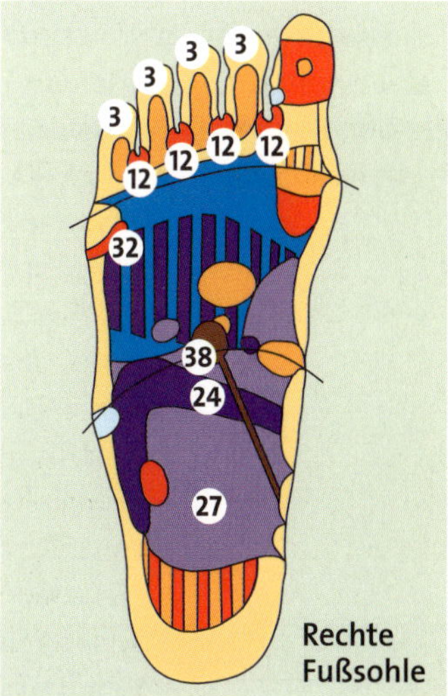

Akute Nebenhöhlenentzündung

Was passiert bei der akuten Nebenhöhlenentzündung? Die Schleimhäute schwellen, und der Lymphfluss verlangsamt sich. Oberstes Gebot ist daher, die Lymphwege wieder freizumachen; außerdem sollten Sie reichlich Wasser und Tee trinken. Bei der akuten Entzündung sollten Sie nur leicht arbeiten; keinesfalls dürfen Sie sich überfordern oder gar sich Schmerzen aussetzen, denn durch Schmerz entsteht Krampf, Krampf erzeugt Blutverlangsamung, und dies bewirkt Stauungen.

Eine Nebenhöhlenentzündung (Sinusitis) muss medikamentös behandelt werden, um eine Vereiterung und Abszessbildung zu vermeiden. Die Reflexzonenmassage dient der unterstützenden Begleitbehandlung.

So massieren Sie richtig

Am besten beginnen Sie mit leichten Streichungen des gesamten Fußes. Streichen Sie von den Zehen zu den Fersen. Dann folgen leichte Behandlungen der Achsellymphpunkte. Diese liegen am Übergang von den Zehen zum Fußballen. Mit kreisenden Bewegungen werden diese Zonen behandelt und der Lymphfluss aktiviert. Danach massieren Sie die Halslymphzonen, die in den Zehenzwischenräumen liegen und sich zum Fußrücken hochziehen. Sie arbeiten sich massierend somit von den großen zu den kleinen Lymphkanälen und dann zum Herd der Infektion. Der Sinn dieser Vorgehensweise liegt darin, dass Sie nicht zweifelsfrei feststellen können, wo der Lymphfluss blockiert ist. Um den Abfluss der Lymphe zu gewährleisten, räumen Sie zuerst die großen Gefäße frei, das sind die Reflexzonen der Achsellymphgänge, dann erst die kleineren, die der Halslymphgänge, und schließlich arbeiten Sie an den Zonen der Nebenhöhlenlymphen selbst. Der so erzeugte Lymphstrom transportiert alle Schlacken mit sich. Bei jeder Nebenhöhle, sei es Stirnhöhle oder Kieferhöhle, ist es angeraten, auf diese Weise vorzugehen.

Chronische Entzündungen ...

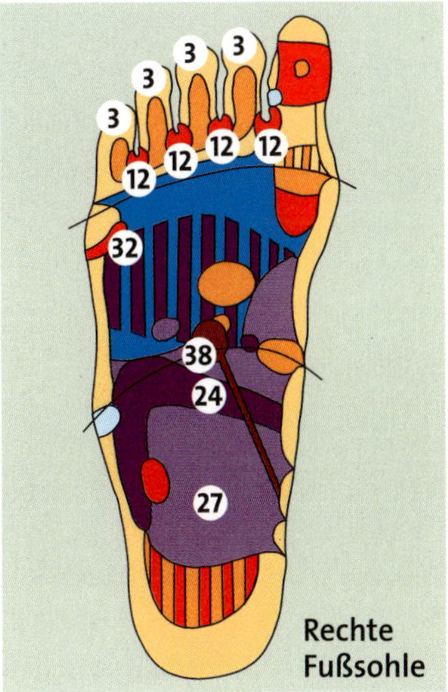

Stirnhöhle, Kieferhöhle, Zähne (3); Lymphzonen (12); querliegender Dickdarm (24); Dünndarm (27); Achsellymphknoten (32); Nieren (38)

Ganz anders sind die Verhältnisse, wenn die Beschwerden chronisch geworden sind. Von einer chronischen Entzündung spricht man, wenn eine Erkrankung nicht mehr abheilt, sondern die Beschwerden selbst nach einer Antibiotikabehandlung andauern oder in kurzen Zeiträumen wiederkehren. Meist wechselt die Schulmedizin in derartigen Fällen das Antibiotikum – ohne Erfolg. Stattdessen wird durch diese Medikation die Darmflora zerstört und damit der natürliche Immunschutz des Organismus reduziert. Die Folge: höhere Anfälligkeit, Rückfälle, langsame Verschlimmerung der Beschwerden und neue Beschwerden wie beispielsweise Darmpilze. Gerade Antibiotikabehandlungen führen immer öfter zu Darmpilzbesiedlung, da die Bakterien, die den nötigen Schutz gegen Pilzbefall bilden, von den Antibiotika vernichtet werden.

... können unerwartete Ursachen haben

Wie stets bei chronischen Krankheiten wäre es grundverkehrt, sich bei wiederkehrender Sinusitis nur auf die Nebenhöhlenzonen zu stürzen, weil mögliche Verursacher für Beschwerden so leicht übersehen werden. Das Gesamtbild ist stets wichtiger als das einzelne Organ. So gehören Darm und Nebenhöhlen beispielsweise eng zusammen: Bei der Fußreflexzonenmassage sind oft beide Zonen gestört. Man sagt, dass die Schleimhäute dasselbe Immunsystem haben: wie unten, so auch oben. Behandeln Sie also in chronischen Fällen immer den

Eine chronische Sinusitis ist symptomarm, kann aber mit Stirnhöhlenspülungen oder gar Operationen enden.

ganzen Fuß zusammen mit den Darmzonen, eventuell sogar die Nierenzone, denn nicht selten verbreiten sich die Bakterien bis in die Nieren. Das ist umso schlimmer, als Niereninfektionen lange schmerzfrei vor sich gehen, also selten erkannt und behandelt werden können.

Rückenschmerzen

Schädelbasis (9); Nacken (10); Halswirbelsäule (11); Brustwirbelsäule (17); Lendenwirbelsäule (23); Kreuzbein (26)

Dass Rückenschmerzen nicht nur vom Rücken herrühren, wird Ihnen jeder erfahrene Arzt bestätigen können: Die Wirbelsäule ist oft nur Leidtragende einer Kette von krank machenden Umständen. Wirbelsäulenleiden sind die häufigsten orthopädischen Krankheiten der Moderne.

Dies liegt an einseitigen Belastungen durch gleichförmige Tätigkeiten und an genereller Bewegungsarmut. Beide Ursachen abzustellen ist die grundlegend notwendige Empfehlung an die Kranken.

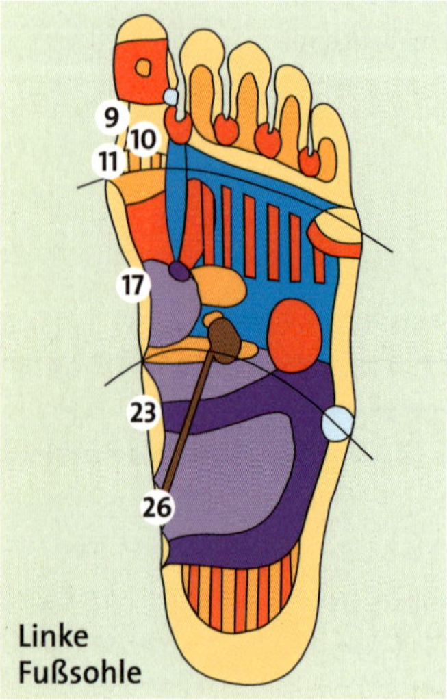

Linke Fußsohle

Am häufigsten treten Beschwerden an Hals- und Lendenwirbelsäule auf. Bei Frauen kommen oft Kreuz-Steißbein-Verspannungen, die dem Ischiasschmerz ähnlich sein können, hinzu. Da Wirbelsäulenleiden in vielen weiteren Spielarten auftreten, begrenzen wir uns hier auf die häufigsten Erkrankungen.

Die Reflexzonen

Die Wirbelsäulenzone liegt am Übergang der Fußinnenseite zur Fußunterseite. Da der Kopf an der großen Zehe seine Reflexpunkte besitzt, finden wir die Halswirbelsäulenpunkte an der Basis der großen Zehe. Von da aus ziehen sich die Reflexzonen sämtlicher Wirbelsäulenabschnitte den Fuß entlang bis zu den Fersen.

Der Aufbau unseres Rückgrats

Die Wirbelsäule besteht aus 33 bis 34 Wirbelknochen, die durch starke Bänder gehalten werden. Aber diese Bänder können allein nicht ausreichen, den ungeheuren Belastungen, denen die Wirbelsäule ausgesetzt ist, auf Dauer standzuhalten. Viele kleine und kleinste Muskeln zwischen den Wirbeln sorgen stets für die richtige Spannung. Entsprechend sind es auch diese Muskeln, die Schmerzen erzeugen, wenn sie einseitig angespannt oder überspannt werden. Ohne die kleinen Zwischenwirbelmuskeln hinge die Wirbelsäule schlaff in den Bändern, ein Zustand, der bei völliger Degeneration einzelner Wirbelsäulenabschnitte durchaus auftritt. Die Reflexzonen der Wirbelsäule zu behandeln bedeutet also, sich bewusst zu machen, dass gleichzeitig auch die begleitenden Muskeln mit behandelt werden müssen. Besonders der Schultergürtel bedarf wie auch der Hüftbereich gründlicher Beachtung.

Wirbel, Zwischenwirbelscheiben oder Bandscheiben, und Bänder bilden die in alle Richtungen bewegliche Wirbelsäule.

Hier darf's etwas fester sein

Wirbelsäulenzonen dürfen intensiv bearbeitet werden. Der Druck, den der Daumen ausübt, kann in die Tiefe gehen. Nur so ertasten Sie diejenigen kleinen Muskelzonen am Fuß, welche die einzelnen Wirbelsäulenmuskeln beeinflussen.

Die Lendenwirbelsäule

Unterschieden werden sieben Wirbel der Halswirbelsäule, zwölf Wirbel der Brustwirbelsäule, fünf Wirbel der Lendenwirbelsäule, fünf Kreuzbeinwirbel und vier

Wenn Sie Rückenschmerzen haben, lassen Sie den Beckenstand und die Beinlänge überprüfen.

bis fünf Steißbeinwirbel. Die Kreuzbein- und Steißbeinwirbel verschmelzen mit den entsprechenden Bandscheibenanteilen zum Kreuzbein und dem Steißbein. Beides wird gemeinhin zur Lendenwirbelsäule gezählt. An die Lendenwirbel schließen rechts und links die Beckenknochen an.

- Ständige körperliche Belastung, aber in noch viel größerem Maß seelische Spannungen führen zu einer dauerhaften Verspannung der Lendenwirbelsäule.
- Zudem kommt es gar nicht so selten vor, dass zwei unterschiedlich lange Beine das Becken schief stellen und damit langsam, aber sicher zu Verspannungen der gesamten Wirbelsäule führen.
- Bei Frauen wird bei der Geburt ihrer Kinder oftmals die Symphyse (die kleine Knorpelfläche am Schambein) verletzt; auch dadurch wird das Becken instabil.

Die richtige Massage

Bei allen Beschwerden im Lendenwirbelsäulenbereich ist der gesamte Fuß-, Bein- und Beckenraum mit zu berücksichtigen. Die Reflextastung umfasst also auch den Unterschenkel bis zum Knie. Interessanterweise gibt es für die Füße an den Füßen selbst keinerlei Reflexpunkte.

Halswirbelsäule (11); Brustwirbelsäule (17); Lendenwirbelsäule (23); Steißbein (62); Kreuzbein (63); Symphyse (68)

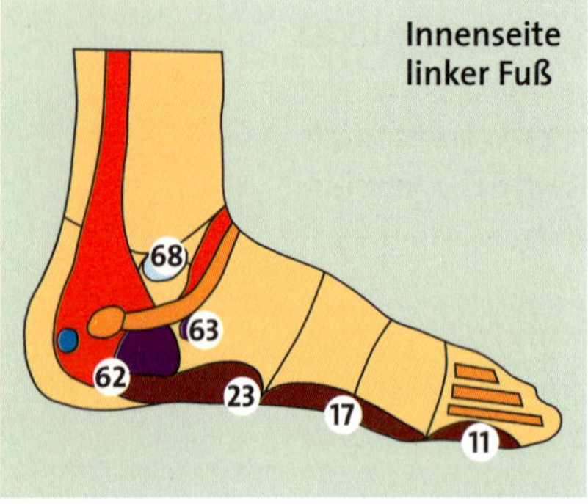

Beginnen Sie am höchsten Reflexpunkt der unteren Extremität, dem Kniepunkt auf der Außenseite der Unterschenkel, etwa vier Finger breit über dem Außenknöchel, und tasten Sie den gesamten Weg innen wie außen zum Fuß hin ab. Störzonen melden sich durch äußerste Druckempfindlichkeit. Dann gehen Sie innen

und außen zu den Regionen des Beckens – und vergessen Sie die Symphyse nicht. Erst danach sollten Sie die Zonen für die Lendenwirbelsäule selbst untersuchen.
Sie sollten immer auch die Organe des Beckens mit behandeln, um nicht innere Wirkungen der Organe auf die Wirbelsäule zu übersehen.

Die normale Wirbelsäule ist doppelt s-förmig ausgebildet: Sie krümmt sich am Hals und im Lendenwirbelbereich nach vorne, im Brustwirbel- und Kreuzbein-Steißbein-Abschnitt nach hinten.

Die Brustwirbelsäule

Die Brustwirbelsäule wird aus zwölf Wirbeln und Bandscheiben gebildet. Die Rippen des Brustkorbs sind fest mit ihr verbunden.

- Die Brustwirbelsäule kann daher Beschwerden auslösen, die sowohl in den Brustraum als auch in den Bauchraum hineinreichen.
- Herzschmerzen können beispielsweise ihre Ursache in der Brustwirbelsäule haben.
- Auch Bauchschmerzen im Leber- und Magenbereich werden manchmal von der Brustwirbelsäule ausgelöst.
- Häufig werden auch Schmerzen am Brustbein durch die Brustwirbelsäule verursacht, denn die Rippen setzen sowohl an der Brustwirbelsäule als auch am Brustbein an. Verspannt sich die Muskulatur der Brustwirbel, so werden nicht selten die Rippen blockiert, was wiederum Schmerzen bei der Atmung auslösen kann. Natürlich sind in einem solchen Fall immer auch die Lungen- und die Herzzone zu untersuchen.
- Es ist nötig bei Beschwerden der Brustwirbelsäule auch einen Blick auf die Lendenwirbelsäule zu werfen, denn Störungen im Beckenraum können sich auf die gesamte Wirbelsäule auswirken.

Die Fußreflexzonendiagnostik kann Ihnen zeigen, in welchem Bereich der Wirbelsäule die Ursache Ihrer Rückenschmerzen liegt und wodurch Ihre Schmerzen zu lindern sind und Ihr Problem zu lösen ist.

Die richtige Massage

Alle Verschleißerscheinungen der Brustwirbelsäule werden wirksam durch die Massage der entsprechenden Reflexzonenpunkte angegangen. Sofern Sie sicher sind, keine Störzonen in anderen Bereichen des Fußes gefunden zu haben, genügt es, die Brustwirbelsäulenpunkte, die sich vom Ballen der großen Zehe innen bis in die Hälfte der Fußinnenkante erstrecken, täglich kräftig durchzukneten.

▶ Auch bei der Bechterewschen Erkrankung, einer Versteifung der Wirbelsäule durch Verknöcherung, verursacht durch chronische Gelenkentzündungen, ist die Fußreflexzonenmassage hilfreich.

▶ Bei der Scheuermann-Krankheit, einer frühen Degeneration und weiten Krümmung der Brustwirbelsäule nach hinten, sind diese Behandlungen ebenfalls sehr wirkungsvoll.

Verspannungen im Bereich der Halswirbelsäule sind häufig die Ursache hartnäckiger Kopfschmerzen. Versuchen Sie, die genauen Ursachen herauszufinden, bevor Sie zu Medikamenten greifen.

Die Halswirbelsäule

Die Halswirbelsäule ist äußerst empfindlich. Je empfindlicher und weicher sie ist, desto weniger hält sie Belastungen aus. Besonders Unfälle beim Autofahren, Schleudertraumen beispielsweise, können lebenslange Schäden an ihr hinterlassen. Die verrenkte Halswirbelsäule ist ein beliebtes Objekt der Begierde für Chiropraktiker, die sie mit Vorliebe wieder einrenken. Lassen Sie das bitte nicht mit sich machen! Nach einer gewissen Zeit löst sich der Muskelkrampf ganz von allein, und der Schmerz lässt nach. Das »Einrenken« der Halswirbelsäule schädigt diese mitunter ebenso nachhaltig wie ein Autounfall, weil durch den starken, ruckartigen Druck die Funktion der kleinen Gelenke massiv beeinträchtigt werden kann.

Die richtige Massage

Behandeln Sie Ihre Nackenschmerzen durch die Massage der Halswirbelsäulenpunkte. Sie liegen auf der Fußinnenseite im Bereich der großen Zehe bis Fußballeninnenseite. Untersuchen Sie die Zonen des gesamten Rückens, und behandeln Sie sie, wenn nötig.

- Häufig ist nicht die Halswirbelsäule schuld am Nackenschmerz, sondern die Brustwirbelsäule – insbesondere der erste und zweite Brustwirbel. Wo immer Sie schmerzende Reflexzonenpunkte ertasten, liegt die eigentliche Störung. Dort muss sie auch behandelt werden! Zögern Sie also nicht, die Zone des zweiten Brustwirbels zu behandeln, wenn Sie dort die Schmerzzone finden – obwohl der Patient Nackenschmerzen hat.
- Zögern Sie genauso wenig, die Augen- oder Kieferzone zu behandeln, wenn der Patient Nackenschmerzen angibt. Lassen Sie sich nicht durch scheinbar unlogische Dinge irritieren, sondern akzeptieren Sie, was Sie im Reflexgebiet selbst entdecken.

Was am unteren Ende des Bewegungsapparats aus dem Lot geraten ist – das können z. B. Plattfüße sein –, das kommt am oberen Ende garantiert ebenfalls aus dem Lot.

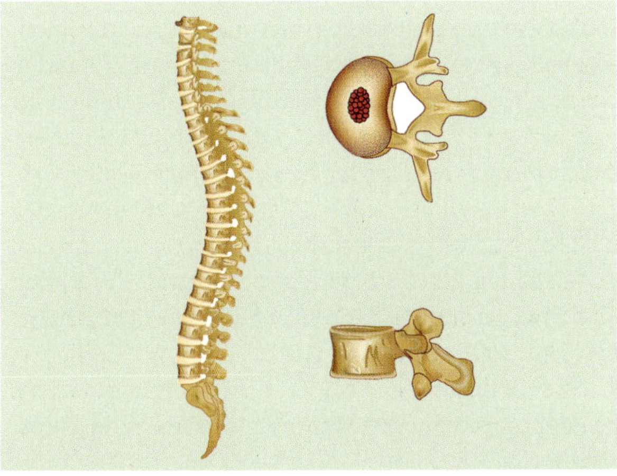

Vom einzelnen Wirbelkörper biegt sich der Wirbelbogen nach hinten weg. Er endet in einem Dornfortsatz. Es ist dieser Dornfortsatz, den Sie beim Tasten spüren.

Unterleibsbeschwerden

Dass man beim Thema »Unterleibsbeschwerden« vor allem an Frauenleiden denkt, rührt daher, dass Frauen im Allgemeinen viel häufiger an Problemen im Beckenbereich leiden als Männer. Dennoch ist die Reflexzone auch für Männerleiden interessant.

Auch seelische oder schwerste körperliche Belastungen können zu Unregelmäßigkeiten und Schmerzen bei der Periodenblutung führen.

Regelmäßig jeden Monat …

Die häufigsten Beschwerden der Frauen sind Regelbeschwerden. Schmerzen im Bauch, die oft krampfartig sind, Schmerzen im oberen Rücken und im Nierenbereich machen den monatlichen Zyklus für viele Frauen zur Qual. Diese Schmerzen können vor, während und nach der Regelblutung auftreten (prämenstruelles oder postmenstruelles Syndrom). Sie sind begleitet von Kopfschmerzen, Motivationsproblemen und Kreislaufschwäche. Ihre genaue Ursache ist unklar, jedoch scheint das hormonell bedingte Aufquellen des Gewebes eine wesentliche Rolle zu spielen.

Weitere Ursachen liegen in der Psyche: Ein negativer Bezug zum eigenen (weiblichen) Körper, eine Fehleinschätzung der Geschlechterrollen und -modelle, zudem die Auffassung, dass Menstruation eine Krankheit sei, und letztlich die Unfähigkeit, sich innerlich und äußerlich zu entspannen, spielen hier eine große Rolle.

Eine falsche Lebensweise

▶ Wissenschaftliche Erhebungen konnten feststellen, dass Frauen, die vegetarisch leben, viel weniger Regelbeschwerden haben als andere.

▶ Nichtraucherinnen leiden ebenfalls weniger am so genannten prämenstruellen Syndrom oder an Regelschmerzen.

▶ Vor allem Büroangestellten verursacht die sitzende Lebensweise und der daraus resultierende Bewegungsmangel häufiger Menstruationsstörungen.

▶ Dieses Problem teilen sie auch mit Männern: Prostatabeschwerden werden umso stärker, je weniger sich Männer täglich bewegen.

▶ Ein weiteres Problem sind die seelischen Beschwerden, die unmittelbar vor oder mit Beginn der Regelblutung auftreten können. Verstimmungen wie Depressionen, Lustlosigkeit oder aber Zorn und Aggressionen sind häufig.

Zum Glück sind Unterleibsbeschwerden recht gut mit der Reflexzonenmassage in den Griff zu bekommen. Voraussetzung dafür ist, dass eine Behandlung bereits in der Zyklusmitte, also ca. 14 Tage nach der letzten Regelblutung, begonnen wird.

Die Reflexzonen

Die Hauptreflexzonenpunkte für Unterleibsbeschwerden liegen seitlich an der Ferse, in der Grube, die unter dem Ansatz der Achillessehne entsteht. Diese Punkte sind oft äußerst empfindlich. Von der Innen- zur Außenzone zieht sich ein Band von Reflexzonenpunkten über den Fußrücken, das den Leistenkanal repräsentiert. Diese Zonen sind sehr wichtig. Sie müssen stets nach schmerzhaften Arealen abgesucht werden.

Eileiter (44); Blase (57); Eierstöcke, Hoden (Bezugszone) (59); Prostata/Gebärmutter (60); männliche und weibliche Genitalien (65)

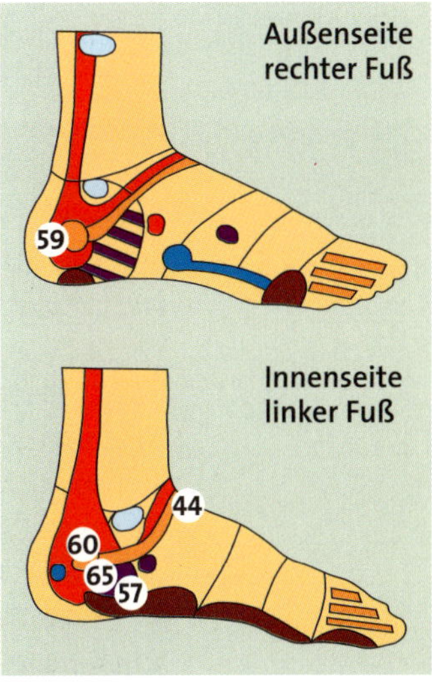

Der Unterleib und die Psyche

Da Regelbeschwerden keine isolierte Krankheit darstellen, sondern über das Hormonsystem in den gesamten Leib-

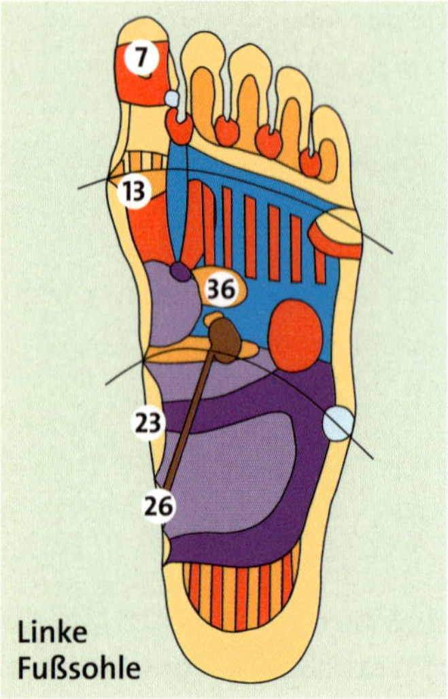

Hirnanhangsdrüse (7); Schilddrüse, Hals (13); Lendenwirbelsäule (23); Kreuzbein (26); Solarplexus (36)

Seele-Komplex eingreifen, ist selbstverständlich nach weiteren empfindlichen Reflexpunkten zu suchen.

▶ Hier kommen wieder die Hirnanhangsdrüse (große Zehe, genau in der Mitte des Endglieds) und die Schilddrüse (am Großzehengrundgelenk, sowohl oben als auch unten) infrage.

▶ Auch die Nervenzentren des Sonnengeflechts (Fußmitte) spielen eine Rolle. Diese Punkte sind ebenfalls abzutasten und müssen mit behandelt werden, wenn sie sich als empfindlich erweisen sollten.

▶ Nicht vergessen sollten Sie die Lendenwirbelsäule, denn viele Frauen leiden vor oder während der Regel an Kreuzschmerzen. Die Kreuzbeinregion liegt innen am Übergang von der Fußsohle zur Ferse, am Übergang zur Fußinnenseite.

Die richtige Massage

Am besten massieren Sie nach folgendem Schema, dann können Sie nichts falsch machen:

▶ Suchen Sie alle Druckschmerzpunkte auf. Sie wissen dann, wo das Hauptproblem liegt.

▶ Beginnen Sie mit Streichungen der Fußsohle, und bearbeiten Sie leicht die Nervenpunktzonen von Bauch und Unterbauch.

▶ Nehmen Sie jetzt die Hormonzentren dazu, indem Sie mit der Reflexzone der Hirnanhangsdrüse beginnen; dann bearbeiten Sie die Zone der Schilddrüse und danach die Reflexpunkte der Unterleibsdrüsen.

▶ Bearbeiten Sie alle Reflexzonenpunkte der Unterleibszone, und verwenden Sie dafür die meiste Zeit.

▶ Massieren Sie um alle Schmerzzonen herum. Erst wenn das Zentrum unempfindlicher geworden ist, dürfen Sie es auch direkt bearbeiten.

▶ Die ganze Massage braucht, wenn sie täglich angewendet wird, nicht mehr als fünf bis zehn Minuten pro Fuß zu dauern.

Bei akuten Regelbeschwerden sollten Sie insbesondere die Zonen für Sonnengeflecht und Gebärmutter weich und kreisend massieren. Bei der Behandlung von Unterleibsbeschwerden ist zusätzlich darauf zu achten, dass Sie Ihre Füße bzw. die der Patientin warm halten.

Während der Schwangerschaft ist die Massage der Unterleibsreflexzonen verboten: Sie kann zu einer Früh- oder Fehlgeburt führen.

Störungen der Sexualität

So natürlich der Verkehr zwischen beiden Geschlechtern ist, so kompliziert kann er sich gestalten: Sexuelle Beziehungen zwischen Frauen und Männern gehen nicht immer ohne Hemmungen oder Störungen vor sich. Dabei sind in den seltensten Fällen körperliche, sondern meist psychische Gründe die Ursache.

Beispielsweise kann fehlende sexuelle Erregung bei der Frau dazu führen, dass die Scheidenschleimhaut zu wenig Feuchtigkeit absondert und den Vollzug des Geschlechtsverkehrs äußerst schmerzhaft gestaltet. Jedoch auch eine Harnröhren- oder Blasenentzündung oder eine Entzündung der Vaginalschleimhaut kann durch ihre Schmerzhaftigkeit den Geschlechtsverkehr stark beeinträchtigen.

Männer hingegen können durch Erektions- oder Ejakulationsstörungen am Verkehr gehindert sein. Auch bei ihnen sind entweder organische Krankheiten die Ursache, wie z.B. Schilddrüsenunterfunktion, Bluthochdruck, Leberentzündung und Zuckerkrankheit, oder aber psychische Probleme wie Depressionen, Stress und Erschöpfung.

Partner und Partnerin

Bei allen Sexualproblemen das oberste Gebot: Entspannung und Vertrauen.

Die meisten Sexualstörungen beruhen jedoch auf seelischen Problemen, die die Partnerschaft oder den Partner betreffen, die aus gesellschaftlichen Anforderungen resultieren oder im schlimmsten Fall von negativen Erfahrungen mit Sexualität in Kindheit oder Jugend herrühren. Schmerzen beim Geschlechtsverkehr können durch unbewusste Ablehnung des Beischlafs ausgelöst werden: Viele Frauen fühlen sich ihrem Partner verpflichtet, obwohl sie kein Verlangen nach Geschlechtsverkehr haben. Dagegen kann sich der Körper auflehnen und den Orgasmus verweigern.

Mythos und Wahrheit

Beckenraum (Bezugszone), äußeres Genitale (30)

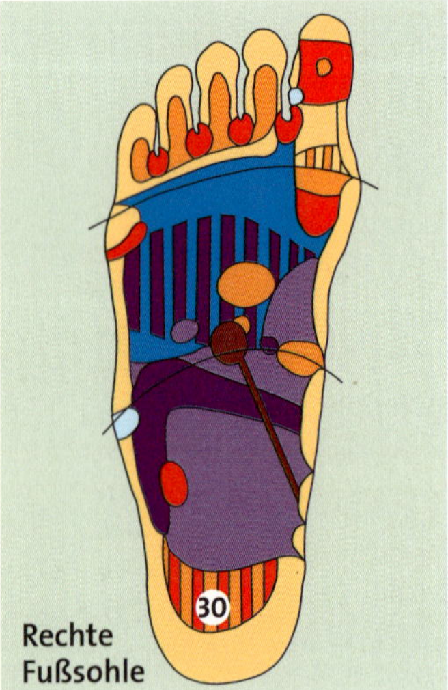

Es ist ein durch die Medien geschürtes Märchen, dass jede »normale« Frau täglich, wenn möglich mehrmals und zu jeder Zeit, Verlangen nach Geschlechtsverkehr haben müsse. Die Realität sieht anders aus: Viele Frauen haben über lange Zyklen keinerlei sexuelles Verlangen. Besonders nach Geburten, in der Stillzeit und in der anstrengenden ersten Phase der Kleinkinderziehung ist es durchaus normal, dass das sexuelle Verlangen einem Verlangen nach Unterstützung, Hilfe und Anerkennung weicht.

Vielfach ist eine Frau auch der Überforderung durch widersprüchliche Frauenrollen und -bilder nicht gewachsen: Die fürsorgliche Mutter mit der knallharten Karrierefrau und der immer attraktiven Partnerin unter einen Hut zu bringen gleicht oft der Quadratur der Kreises.

Massage hilft

Sie können durch Massage der Reflexzonen der gesamten Beckenregion, vor allem der Kreuzbein- und der Symphysenregion, die körperlichen Beschwerden eindämmen. Die Zone der Scheidenregion liegt auf der Fußinnenseite etwa einen Querfinger unterhalb des Knöchels und zieht sich nach unten hinten zur Fußsohle. Sie wird großflächig kreisend bearbeitet. Üben Sie nicht zu viel Druck aus, sondern achten Sie darauf, Haut und Unterhautgewebe gegeneinander zu verschieben. Eine weitere Reflexzone für die äußeren Geschlechtsorgane, sowohl des Mannes als auch der Frau, liegt in der Fußsohle auf der Fersenauftrittsfläche im oberen Drittel des Fersenbeins. Hier können Sie gerne in die Tiefe gehen. Üben Sie etwas stärkeren Druck aus, da sich unter der Fersenhornhaut starkes Binde- und Fettgewebe befindet.

Die Massage hat nicht nur eine stimulierende Wirkung auf die Stoffwechselvorgänge im Körper, sie entspannt auch. Dieser Aspekt trägt ebenfalls zu mehr sexuellem Verlangen bei.

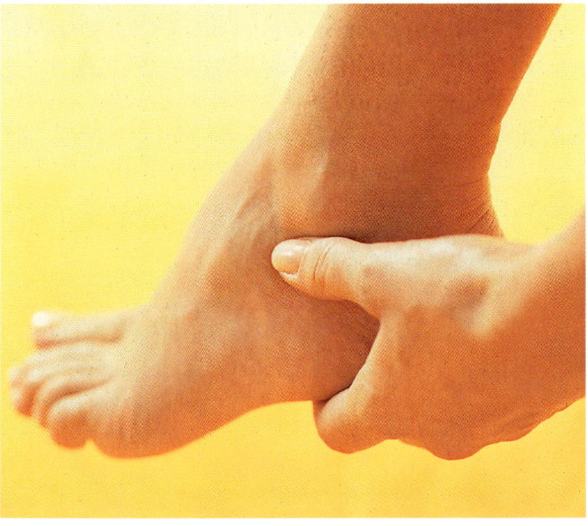

Die Zone der Scheidenregion und der Gebärmutter sowie der Prostata liegt auf der Fußinnenseite etwa einen Querfinger unterhalb des Knöchels. Die Bezugszone für Eierstöcke und Hoden liegt an der Fußaußenseite.

Männerleiden

Obwohl gelegentliche Erektionsstörungen oder Unlust am sexuellen Verkehr durchaus normal sind, bereiten sie vielen Männer mehr als nur Kopfzerbrechen. Auch Männer können mit Rollenbildern von allzeit bereiten Helden und unermüdlichen Machos überfordert sein. Neben psychischen Ursachen kann auch die Einnahme von Medikamenten gegen Bluthochdruck oder Magen-Darm-Geschwüre Potenzstörungen verursachen.

Eine ungenügend behandelte Prostataentzündung kann chronisch werden. Suchen Sie rechtzeitig den Arzt auf.

Die Prostata

Probleme mit der Vorsteherdrüse sind bei Männern höheren Alters nicht untypisch. Mit dem 50. Lebensjahr treten Hormonveränderungen im männlichen Organismus ein, die das Gewebe der Prostata anschwellen lassen. Diese Schwellung ist gutartig, drückt aber auf die Harnröhre und verursacht so Schwierigkeiten beim Wasserlassen. Weil die Blase sich nicht richtig entleert, entsteht zudem häufiger Harndrang, der die Betroffenen vor allem nachts hartnäckig quält.
Die Prostatazone liegt am selben Punkt, wo bei Frauen die Gebärmutterzone liegt, nämlich auf der Innenseite der Ferse. Eine tägliche Massage dieser Punkte wirkt der unangenehmen Prostataschwellung sanft entgegen.

Eileiter (44); Blase (57); Prostata/ Gebärmutter (60); männliche und weibliche Genitalien (65)

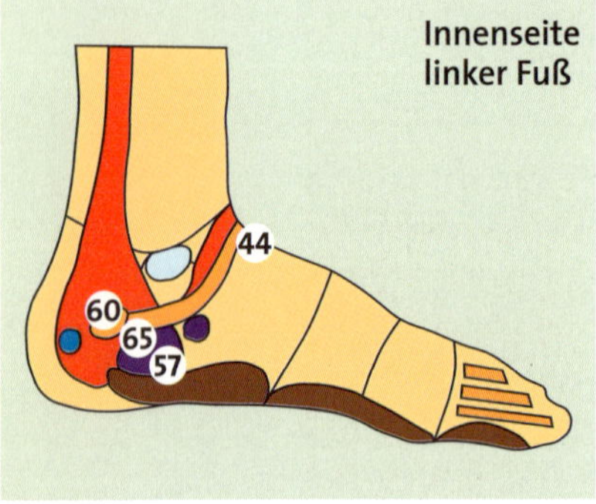

Wenn die Bakterien angreifen

Weitere Beschwerden bei Männern sind Entzündungen der Samendrüse, die bisweilen chronisch werden können. Sie entstehen meistens durch Bakterien, z. B.

durch Chlamydien. Diese Bakterien können jahrelang Unterleib sowie Kreislauf und sogar Blutdruck durcheinander bringen. Natürlich ist diese bakterielle Infektion am besten mit Antibiotika zu behandeln – doch die Fußreflexzonenmassage kann die Heilung beschleunigen und unterstützen.

Sexualneurosen

Auch Männer können Probleme mit ihrer Sexualität entwickeln. Auch sie sind gesellschaftlichen Rollenvorstellungen unterworfen, die sie nicht immer erfüllen können: Als Jugendliche lernen sie fälschlicherweise, dass die Potenz die Männlichkeit ausmache. Erektionsstörungen oder zu früher Samenerguss sowie das ganze Sexualverhalten an sich werden somit vollkommen überbewertet.

Auch Krankheiten, die von sehr hohem Fieber begleitet waren, können zu zeitweisen Potenzstörungen führen.

Die meisten Sexualstörungen entstehen folglich aus psychischen, nicht aus körperlichen Gründen. Da Männer durch Erziehungsmuster im Allgemeinen der Heldenrolle verpflichtet werden, lernen sie kaum, ihre eigenen Bedürfnisse und Gefühle zu erkennen, und fühlen sich stattdessen häufig in sexueller Beweisnot. Hingabe wird als äußerst unmännlich empfunden, folglich ist totale Entspannung und damit auch zwangloser Sex oft unmöglich.

Legen Sie Ihre Vorurteile ab

Es gibt unglaublich viele Männer, die überhaupt kein sexuelles Verlangen haben. Wussten Sie das? Wenn Sie also an Erektionsstörungen leiden, dann prüfen Sie erst einmal, ob Sie überhaupt Lust haben.

Natürlich gibt es auch eine Reflexzone für den Penis. Diese liegt dort, wo bei der Frau die Zone für die Vagina ist – auf der Innenseite der Ferse, etwas unterhalb und

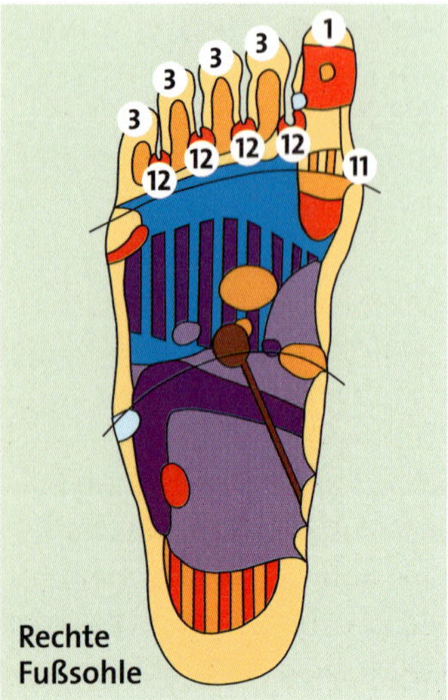

1 Schädeldach
3 Zähne
11 Halswirbelsäule
12 Lymphzonen

vor dem Innenknöchel. Massieren Sie sie sanft kreisend diese Zone, und vor allem setzen Sie sich Ihrer Partnerin bzw. Ihrem Partner gegenüber nicht unter Druck.

Zahnschmerzen

Wer käme schon auf die Idee, Zahnbeschwerden anders als durch Bohren oder Ziehen behandeln zu lassen? Doch wir sollten uns wieder bewusst machen, dass jeder Zahn in lebendiges Gewebe eingebettet ist, das enorme Regenerationskräfte besitzt. Und dieses Gewebe finden wir in den Reflexzonen wieder.

Natürlich kann die Fußreflexzonenmassage keine Löcher in den Zähnen schließen. Hier sind richtige Ernährung und regelmäßige Zahnpflege zur Vorbeugung angeraten. Doch die Fußreflexzonenmassage kann bei anderen Beschwerden zum Einsatz kommen und Ihnen manchen Zahnarztbesuch ersparen:

- Schiefe Zähne, besonders bei Kindern
- Phantomschmerzen im Ober- und Unterkiefer
- Beschwerden durch Brücken und Zahnziehungen
- Chronische Eiterungen der Zahnwurzeln
- Chronische Mundschleimhautentzündung
- Beschwerden, die durch die Zähne ausgelöst werden, aber dort nicht zu spüren sind (Störfelder)

Die Zahnzonen

Die Zähne werden von der Mitte aus gezählt. Der linke wie der rechte Schneidezahn tragen also beide die Nummer eins, ihre Reflexzonengebiete befinden sich jedoch auf dem linken bzw. dem rechten Fuß. Vom Schneidezahn aus wird nach rechts und links bis zu den Backenzähnen bzw. den Weisheitszähnen (Nummer acht) durchnumeriert.

Phantomschmerzen

Wundern Sie sich nicht, wenn eine Reflexzone schmerzt, obwohl der entsprechende Zahn im Ober- oder Unterkiefer bereits gezogen oder wurzelbehandelt wurde. In den Zahnbetten werden beim Ziehen die Nerven durchtrennt. Zwar ist von der entstandenen Narbe oft nichts mehr zu spüren, das Gewebe ist jedoch nachhaltig gestört. Wann immer die Reflexzone auffällig wird, stimmt etwas nicht, auch wenn Ihr Zahnarzt mit den Mitteln der Schulmedizin nichts entdecken kann.

Nervenschmerzen

Achtung: Manche Zahnschmerzen rühren eher von den Nerven als von den Zähnen her. Der Trigeminusnerv hat Ausläufer sowohl zum Ober- als auch zum Unterkiefer. Die Nervenreflexpunkte des Trigeminus sind jedoch schwer zu finden. Sie liegen an der Fußinnenseite der großen Zehe und sind stecknadelkopfklein. Oft fühlt es sich an, als ob kleine Sandkörnchen direkt unter der Haut lägen. Die Punkte werden mit kreisendem Daumendruck so lange massiert, bis die Körnchen sich scheinbar langsam aufzulösen beginnen.

Die richtige Massage

Natürlich werden bei der Zahnbehandlung auch die anderen Teile der Zehe bis hinunter zum Fußballen mit behandelt. Denn der Zahn wird auch von der Lymphe umflossen (Lymphzonen). Die Einflüsse der Halswirbelsäule sind ebenfalls nicht zu unterschätzen.

Der Reflexpunkt für Zahn Nummer eins liegt auf der großen Zehe, die kleine Zehe entspricht dem Weisheitszahn und dem letzten Backenzahn, die zweite Zehe etwa den Vorderzähnen. Aber Vorsicht: Bei den Zähnen ist die Zuordnung nicht 100-prozentig möglich. Sie können also nur in etwa die betroffene Region im Kiefer angeben.

Wann sollte nicht behandelt werden?

Obwohl die Fußreflexzonenmassage leicht anwendbar ist und – wenn sie fachmännisch ausgeführt wird – ungefährlich bleibt, obwohl sie die Körperabwehr anregt und auf natürliche Weise den Organismus von Giftstoffen und Schlacken befreit, gibt es dennoch einige Zustände und Krankheiten, bei denen sie nicht angewendet werden darf.

Anwendungsverbot

Da auch eine natürliche Heilmethode nicht bei allen Patienten und jeder Erkrankung ohne Nebenwirkungen bleibt, sind folgende Fälle von der Reflexzonentherapie unbedingt auszuschließen:

▶ **Schwangerschaft:** Die Behandlung von Unterleibs- oder Hormonzonen in der Schwangerschaft kann zu einer Früh- oder Fehlgeburt führen.

▶ **Hautkrankheiten der Füße:** Bei Haut- und Pilzkrankheiten der Füße sollte besser auch nicht massiert werden, um zu vermeiden, dass Keime in die entzündete Haut eindringen.

▶ **Hoher Blutdruck:** Bei sehr hohem Blutdruck (über 200 mmHg) sollte nicht massiert werden.

▶ **Venenentzündungen:** Bei akuter Venenentzündung und Thrombose des Unterschenkels darf nicht massiert werden.

▶ **Morbus Sudeck:** Diese Krankheit entsteht meist nach Knochenbrüchen. Das Bein bleibt geschwollen

Behandeln Sie nur leichte und eindeutige Gesundheitsstörungen selbst, und suchen Sie den Therapeuten auf, wenn sich die Beschwerden nicht bessern.

und oft auch gerötet. Bei dieser Krankheit ist die normale Funktion der Nerven gestört. Daher verbietet sich auch hier die Fußreflexzonenmassage.

Was tun bei schweren Erkrankungen?

Alle chronischen Krankheiten müssen fachmännisch betreut werden.

Wann immer eine Erkrankung auftritt, die über einen banalen Schnupfen hinausgeht, müssen Sie natürlich zuerst den Arzt aufsuchen. Es schadet aber nichts, sich vor oder nach dem Arztbesuch einmal einen Überblick über die Fußreflexzonensituation zu verschaffen. In Absprache mit Ihrem Arzt können Sie dann parallel zu dessen Behandlung über die Reflexzonen mit behandeln. So befinden Sie sich immer auf der sicheren Seite.

Zusammenarbeit mit dem Arzt

Die bewährte Heilmethode der Fußreflexzonenmassage birgt zahlreiche Möglichkeiten in sich:

- Anregung des Stoffwechsels
- Entgiftung und Entschlackung des gesamten Organismus
- Stimulierung des Energieflusses im Körper und Auflösung von Blockaden

Dennoch kann und darf die Reflexzonenmassage eine fachärztliche Behandlung oder einen notwendigen operativen Eingriff nicht ersetzen. Das gilt insbesondere bei lebensbedrohlichen Erkrankungen. In diesen Fällen sollte man sich mit dem Arzt über ihre richtige Anwendung beraten.

Bei schweren gesundheitlichen Störungen oder Erkrankungen, denen organische Schäden zugrunde liegen, ist die Reflexzonenmassage nicht mehr geeignet. Sie kann zwar eine Schmerzlinderung bewirken, kann aber in therapeutischer Hinsicht auf Dauer nichts ausrichten.

Über den Autor

Wolfgang Spurzem ist Arzt für Allgemeinmedizin und Naturheilpraktiker mit eigener Praxis. Der Umgang mit chronisch erkrankten Patienten veranlasste ihn, Heilverfahren außerhalb der klassischen westlichen Medizin in ein logisches ganzheitliches Therapiekonzept einzubinden.

Literatur

Ingham, Eunice D.: Geschichten, die die Füße erzählen können. Drei-Eichen-Verlag. Hammelburg 1994
Froneberger, W.: Manuelle Neurotherapie. Haug Verlag. Heidelberg 1992
Kahle, Leonhardt, Platzer: Taschenatlas der Anatomie. Thieme Verlag. Stuttgart 1991
Kunz, Kevin/Kunz, Barbara: Durch die Füße heilen. Anleitung zur Reflexzonentherapie. Aus dem Amerikanischen von Neves, Hanna. Ehernwirth Verlag. München 1995

Lehrstätten und Institute für Fußreflexzonenmassage

Wolfgang Spurzem, Bonn
Hanne Marquardt, Königsfeld-Burgberg

Hinweis

Das vorliegende Buch ist sorgfältig erstellt worden. Dennoch erfolgen alle Angaben ohne Gewähr. Weder Autor noch Verlag können für eventuelle Nachteile oder Schäden, die aus den im Buch gemachten praktischen Hinweisen resultieren, eine Haftung übernehmen.

Bildnachweis

Alle Fotos stammen von Ulla Kimmig (Jump), Hamburg außer: Tony Stone, München: 80 (David Stewart), 124 (Peter Cade). Alle Illustrationen stammen von Gerhard Prokop, München, außer Seiten 6, 18, 19, 21, 113 (Nada Gotovac, München) und Seite 23 (Kathrin Herwig)

Impressum

Redaktion:
Gabriele Otto
Projektleitung:
Dr. Alex Klubertanz
Redaktionsleitung und medizinische Fachberatung:
Dr. med. Christiane Lentz
Bildredaktion:
Ute Schoenenburg
Produktion:
Manfred Metzger
Umschlag:
Manuela Hutschenreiter, München
Layout:
Wolfgang Lehner
DTP:
Matthias Liesendahl

Printed in Italy
Gedruckt auf chlor- und säurearmem Papier

ISBN 3-517-08038-1